978-3-8310-3395-9

978-3-8310-3396-6

978-3-8310-3548-9

978-3-8310-3397-3

978-3-8310-3549-6

978-3-8310-3399-7

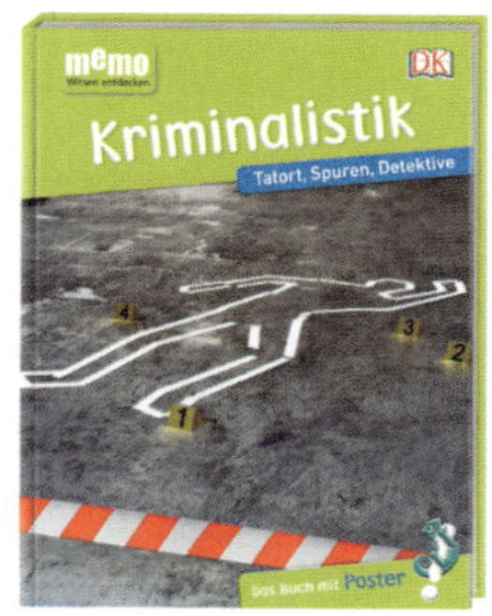

978-3-8310-3398-0

978-3-8310-3550-2

978-3-8310-3400-0

978-3-8310-3401-7

978-3-8310-3402-4

978-3-8310-3403-1

978-3-8310-3404-8

978-3-8310-3405-5

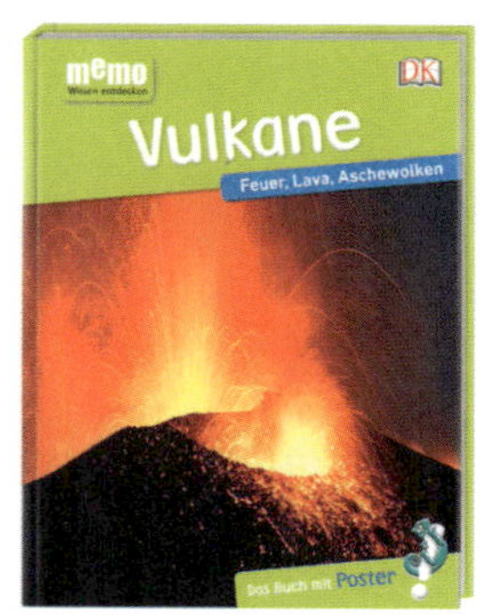

978-3-8310-3406-2

978-3-8310-3407-9

978-3-8310-3408-6

978-3-8310-3551-9

978-3-8310-3552-6

978-3-8310-3409-3

memo
Wissen entdecken

Fußball

Fußballpumpen (um 1900)

Französische Haarölreklame (um 1930)

Schienbeinschützer (um 1900)

Lionel Messi (FC Barcelona)

Schienbeinschützer (um 1910)

Schienbeinschützer (um 1930)

Schrift-schablonen aus Kupfer (Anfang 20. Jh.)

Fußball der WM 1966

Fußball der WM 2014

Streichholz-behälter (1905)

Torwart (Darstellung um 1930)

Abbildung eines Abstoßes

memo
Wissen entdecken

Fußball

Geschichte, Fans, Pokale

Fußball (1912)

DK

Trikot
(19. Jh.)

Trikot der australischen
Nationalmannschaft (1925)

Umschlag-
illustration
(1905)

DK | Penguin Random House

Text Hugh Hornby

Lektorat Louise Pritchard, Annabel Blackledge, Jonathan Metcalf, Liz Wheeler, Andrew Macintyre, Francesca Baines, Chris Hawkes, Kingshuk Ghoshal, Antara Moitra
Gestaltung und Bildredaktion Jill Plank, Yolanda Belton, Sue Grabham, Julia Harris, Amanda Russell, Andrew O'Brien, Georgia Bryer, Karen Self, Philip Ormerod, Philip Letsu, Spencer Holbrook, Govind Mittal, Sumedha Chopra, Revati Anand, Pawan Kumar, Harish Aggarwal, Myriam Mégharbi
Fotos Andy Crawford
Herstellung Kate Oliver, Angela Graef, Andy Hilliard, Marc Staples

Für die deutsche Ausgabe:
Programmleitung Monika Schlitzer
Redaktionsleitung Martina Glöde
Projektbetreuung Susanne Menten
Herstellungsleitung Dorothee Whittaker
Herstellungskoordination Ksenia Lebedeva
Herstellung, Cover- und Postergestaltung
Sabine Hüttenkofer, Jenny Kolbe, Stefanie Staat
Idee und Illustration Chamäleon blatteins, Andreas Mack

Titel der englischen Originalausgabe:
Eyewitness Football

Übersetzung Dr. Michael Schmidt
Lektorat Cornelia Panzacchi, Hans Kaiser
Satz Roman Bold & Black

ISBN 978-3-8310-3547-2

Druck und Bindung TBB, a.s., Slowakei

FSC www.fsc.org MIX Aus verantwortungsvollen Quellen FSC® C022120

www.dorlingkindersley.de

Gipsfigur
(um 1900)

Trikot von Newcastle (1908)

Schiedsrichter
auf Schnipp-
schnapp-Karte

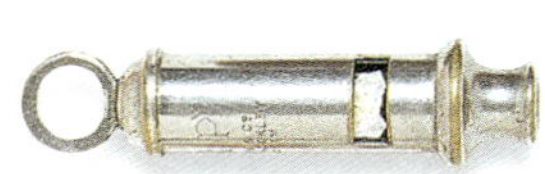

Pfeife (um 1940)

Silberne
Hutnadel
(um 1930)

Silberner
Streichholz-
behälter
(um 1900)

Silbernes
Feuerzeug
(um 1920)

Inhalt

Hallo, ich bin Lexi!

Lass uns gemeinsam dein Lieblingsthema entdecken. Folge mir durchs Buch, denn ich hab dir ganz viel zu erzählen. Schau mal, ob du mich findest!

In aller Welt

Spiele, bei denen ein Ball mit dem Fuß getreten wurde, sind aus dem alten China, Assyrien, Griechenland, Rom und Amerika bekannt. Sie dienten als Training für Krieger, als religiöses Ritual oder einfach nur der Unterhaltung. Im Lauf der Jahrhunderte entwickelten sich daraus die unterschiedlichsten Spiele. Die Regeln des modernen Fußballs wurden erst 1863 festgelegt.

Ball aus Ashbourne

← Ashbourne-Ball

Im englischen Ashbourne finden immer am Fastnachtsdienstag die *Shrove-Tuesday*-Fußballspiele statt. Der Ball muss in einen Torbogen am anderen Ende der Stadt geschossen werden.

Harrow-Ball →

Englische Privatschulen wie Harrow und Eton spielten nach jeweils eigenen Regeln Fußball und legten diese schriftlich fest. Auf dieser Grundlage entstanden die ersten offiziellen Fußballregeln.

Der Ball aus Harrow war oben und unten abgeflacht.

Fußballtraining →

Der chinesische „Gelbe Kaiser" Huangdi soll um 2700 v. Chr. die ersten Regeln für ein Spiel namens *tsu chu* („einen Ball treten") aufgestellt haben. Zunächst als Übung für Soldaten gedacht, wurde es später zum Geburtstag des Kaisers gespielt.

足球

Ein englischer Fußballexperte deutete diese Schriftzeichen als „mit dem Fuß treten".

Chinesische Schriftzeichen für „Fußball"

Spiel für hohe Herren ↓

Im 16. und 17. Jh. wurde in einigen italienischen Städten, u. a. Venedig und Florenz, an Feiertagen Calcio gespielt. Männer aus vornehmen Familien bildeten zwei Mannschaften, die den Ball durch Tore an beiden Enden eines Platzes zu schießen versuchten. Körperkontakt war erlaubt, auch Taktik spielte schon eine Rolle.

Ausschnitt eines Aquarells auf Seide (19. Jh.)

↑Auf den Straßen Londons

„Straßenkehrer, Kohlenmänner, Gentlemen und Stadtschreiber bei einem mörderischen, aber demokratischen Spiel". Diese Karikatur zeigt, wie es im frühen 19. Jh. oft auf den Straßen Englands zuging: Es galt „jeder gegen jeden". Zerbrochene Fensterscheiben und andere Beschädigungen führten oft zu einem Fußballverbot – das jedoch kaum beachtet wurde.

←Altes Ritual

Das japanische Kemari wurde wohl im 7. Jh. aus einem älteren chinesischen Fußballspiel entwickelt. Es unterlag strengen Regeln und war Teil eines zeremoniellen Rituals. Es wird noch heute gespielt. Ziel ist es, den Ball innerhalb der Grenzen eines kleinen Spielfelds in der Luft zu halten.

Bücher über Fußball↓

Das erste bekannte Buch zum Thema Fußball ist der *Diskurs über Calcio* von Giovanni da Bardi (1580). Das Gedicht *A Match at Football (Ein Fußballspiel)* von Matthew Concanen erschien im 18. Jh. in einer Anthologie. Im frühen 20. Jh. wurde Fußball immer beliebter. *The School across the Road (Die Schule auf der anderen Straßenseite)* von Desmond Coke ist eines der zahlreichen Kinderbücher aus jener Zeit.

***Diskurs über Calcio* (16. Jh.)**

Englische Gedichtsammlung (18. Jh.)

Das englische Kinderbuch *The School Across the Road*

Moderner Fußball

Der moderne Fußball entstand im 19. Jahrhundert in England und Schottland. Ehemalige Schüler englischer Privatschulen brachten den ersten verbindlichen Regelkatalog heraus und sie gründeten im Jahr 1863 einen Verband, die Football Association (FA). Der Deutsche Fußballbund (DFB) wurde 1900 gegründet.

↑Früher Held

Zunächst waren die Spieler Amateure. C. B. Fry von den Corinthians war einer der ersten berühmten Spieler.

↑Werbetour

Im frühen 20. Jh. machten englische Mannschaften das Fußballspiel in vielen Ländern bekannt. Diesen Schild erhielten die Islington Corinthians 1937 in Japan.

Kappe von Arnold Kirke Smith

Aus Freude über den Sieg im Pokalendspiel machte Kinnaird einmal einen Kopfstand.

Die drei englischen Löwen wurden erstmals 1872 verwendet.

Arnold Kirke Smiths England-Trikot

Dicht gestricktes Wolltrikot

←Das erste Länderspiel

1872 spielte Schottland auf einem Kricketfeld in Glasgow gegen England. 2000 Zuschauer waren Zeugen des 0:0. Trikot und Mütze (links) wurden von Arnold Kirke Smith getragen, einem Mitglied der englischen Mannschaft.

←Moderne Regeln

Lord Kinnaird war von 1890–1923 Präsident der FA und an der Gestaltung des modernen Fußballs maßgeblich beteiligt.

Talentierte Teams→

In der *English Football League* traten 1888 zwölf Mannschaften an. Das Gemälde (1893) von Thomas Hemy zeigt zwei Klubs aus den 1890er-Jahren: Aston Villa und Sunderland.

Ungezogenes Spiel →

In der ersten, 1894 gegründeten, französischen Fußballliga spielten viele von schottischen Emigranten gebildete Mannschaften mit. Über ihre Regelverstöße machte man sich bald lustig. Darauf spielt diese Karikatur in der Zeitschrift *Le Monde Comique* aus dem Jahr 1900 an.

N° 720 NOUVELLE PÉRIODE PRIX : 10 CENTIMES

LE MONDE COMIQUE

ILLUSTRÉ

JOURNAL HEBDOMADAIRE, 8, RUE SAINT-JOSEPH, 8, PARIS

Prix des Abonnements : Paris, un an, 6 fr. — Départements, un an, 8 fr. — Union postale, 10 fr. — Un Numéro par semaine

LES PLAISIRS DU DIMANCHE, — par DRANER

— Mille excuses, madame... je suis un peu myope. . je croyais lancer mon ballon

Oft wurden die Zuschauer sehr direkt ins Spielgeschehen einbezogen.

Titelbild „Les Plaisirs du Dimanche" – „Sonntägliche Freuden"

In Wirklichkeit lag die Kleidung nicht so eng an.

Übertrieben großer Ball

Gipsfigur mit typischen Schienbeinschützern (um 1900)

Das zarte Geschlecht →

Der Frauenfußball wurde gegen Ende des 19. Jh. beliebt. Die Spiele des *British Ladies' Club* zogen zahreiche Zuschauer an. Im Ersten Weltkrieg traten Herren- gegen Damenmannschaften in Wohltätigkeitsspielen gegeneinander an.

FIFA-Abzeichen

↑ Gründung der FIFA

Die Fußballverbände einiger Länder, u. a. Frankreichs, Belgiens, Dänemarks, der Niederlande, Spaniens, Schwedens und der Schweiz, gründeten 1904 die FIFA (*Fédération Internationale de Football Associations*). Heute gehören ihr über 200 Länder an.

Mosaik, Fußballspiel in Uganda

↑ Afrikanische Spiele

Die Begeisterung für den Fußball breitete sich über den ganzen Kontinent aus. Als erstes afrikanisches Land trat Ägypten 1923 der FIFA bei. 2010 fand in Südafrika als erstem afrikanischen Land die Weltmeisterschaft statt.

Briefmarken mit Porträts von US-Spielern

US-Sondermarken anlässlich der WM 1994

← Soccer

Fußball ist eine der beliebtesten Jugendsportarten in den USA. Die 1994 in den USA stattfindende WM belebte auch das Interesse an „Soccer" als Erwachsenensport.

Spielregeln

↑ Einwurf
Der Ball wird mit beiden Händen von hinten über den Kopf geworfen. Die Füße stehen auf oder hinter der Seitenlinie.

Zum Erfolg des Fußballs haben auch seine einfachen Regeln beigetragen. Sie wurden seit 1863 kaum verändert. Um den Spielfluss nicht zu unterbrechen, kann der Schiedsrichter die Vorteilsregel anwenden: Das Spiel wird fortgesetzt, wenn die gefoulte Mannschaft in Ballbesitz bleibt. Ein Spieler ist im Abseits, wenn er im Augenblick des Zuspiels der gegnerischen Torlinie näher ist als der Ball und der vorletzte Abwehrspieler. Kein Abseits liegt vor, wenn man den Ball vom Gegner, durch einen Eckball oder einen Einwurf erhält.

Früher bestanden die Tore nur aus zwei Pfosten und einem in 2,5 m Höhe über dem Boden gespannten Band. Erst 1875 wurde die Querlatte eingeführt.

Der Strafstoßpunkt ist 11 m von der Torlinie entfernt.

Abstöße müssen aus dem 5,5 m tiefen Torraum ausgeführt werden.

Die Spieler dürfen vor dem Anstoß die Mittellinie nicht übertreten.

↑ Strafstoß
Strafstöße wurden 1891 als Strafe für Fouls und Handspiel im Strafraum eingeführt. Ein Spieler schießt vom Elfmeterpunkt aus auf das nur vom Torwart verteidigte Tor.

↑ Freistoß
Beim indirekten Freistoß (nach einem Regelverstoß) muss ein zweiter Spieler den Ball berühren, damit ein Tor gewertet wird. Direkte Freistöße erfolgen nach Fouls, hier kann der Schütze direkt ein Tor erzielen.

↑ Eckstoß
Er erfolgt, wenn die Abwehr den Ball über die eigene Torlinie geschossen hat. Eckstöße geben der angreifenden Mannschaft eine gute Chance, ein Tor zu erzielen. Der Ball wird dabei aus dem Viertelkreis bei der Eckfahne geschlagen.

↑ Notbremse und Schwalbe
Eine „Notbremse“ ist ein Foul am Gegner als letztes Mittel eine Torchance zu verhindern. Und manche Spieler versuchen mit einem vorgetäuschten Foul (einer „Schwalbe“) einen Freistoß zu schinden.

Bei einem Elfmeter darf sich nur der Strafstoßschütze innerhalb des Teilkreises befinden.

Irreguläres Tor →

Beim FA Pokalendspiel 1958 rempelte Stürmer Nat Lofthouse (Bolton Wanderers) Torwart Harry Gregg (Manchester United), als dieser den Ball auf der Torlinie fangen wollte – ein klares Foul.

Spieler der abwehrenden Mannschaft dürfen den Mittelkreis beim Anstoß nicht betreten.

In ihrer Spielfeldhälfte können die Spieler nicht im Abseits stehen.

Bis 1902 war der Torraum halbkreisförmig, dann wurde der Strafraum eingeführt.

Der Torwart darf den Ball nur im Strafraum mit den Händen spielen.

Linienrichter zeigen mit ihrer Fahne Einwürfe und Abseitsverstöße an.

Ordnung muss sein ↑

17 Regeln bestimmen das Spiel. Das Spielfeld muss rechteckig und für internationale Spiele 100 bis 110 m lang und 64 bis 75 m breit sein. Jede Mannschaft besteht aus elf Spielern. Bis zu drei Spieler dürfen ausgewechselt werden. Das Spiel dauert 90 Minuten und ist in zwei Halbzeiten eingeteilt.

Begrenzungslinien ↑

Bevor man Mitte des 19. Jh. die Markierungslinien einführte, dienten Fähnchen als einzige Spielfeldmarkierung. Heute ist zum Schutz der Spieler für die Eckfahnen eine Mindesthöhe von 1,5 m vorgeschrieben.

1891 meldete die englische Firma Brodies of Liverpool das Patent auf Tornetze an. Seit 1892 werden sie offiziell verwendet.

Der Schiedsrichter

Ein Fußballspiel wird von einem Schiedsrichter und zwei Assistenten geleitet. Der Schiedsrichter überwacht die Einhaltung der Regeln. Das war nicht immer so. Anfangs brachte jede Mannschaft ihren eigenen Schiedsrichter mit, der an der Seitenlinie stand. Später wurde ein Schiedsrichter bestimmt, der Streitigkeiten zwischen diesen „Linien-Richtern" schlichtete. Etwa ab 1890 lief der Schiedsrichter auf dem Spielfeld mit, ab 1891 wurden die beiden anderen Richter offiziell zu Linienrichtern erklärt. Dieses System gilt heute noch.

↑ Assistenten

Schiedsrichterassistenten kontrollieren u. a. den Einsatz der Auswechselspieler und die Stollen ihrer Schuhe. Bei Profispielen bedient ein vierter Assistent eine Anzeigetafel, auf der die Nummer des Auswechselspielers angegeben wird.

Klassisches Schwarz →

Zwischen 1940 und 1990 trugen Schiedsrichter schwarze Kleidung mit weißen Manschetten und Kragen. Um 1940 hatten Hemden die schweren Jacken abgelöst. Heute tragen Schiedsrichter auch bunte Dresse.

Block zum Notieren von Verwarnungen, Toren, Platzverweisen und Auswechslungen

Die gelbe Karte wird bei Verwarnungen gezeigt.

Schwere Fouls werden mit roter Karte und Platzverweis bestraft.

Trillerpfeife (um 1940)

Die beiden Seiten einer FIFA-Münze

↑ Das Werkzeug

Zur Ausrüstung des Schiedsrichters gehören die gelbe und die rote Karte, die erstmals bei der WM 1970 eingesetzt wurden. Die Trillerpfeife hingegen wurde vermutlich bereits 1878 eingesetzt. Mit Bleistift und Notizblock hält der Schiedsrichter wichtige Ereignisse fest. Zu Beginn des Spiels wirft er eine Münze, um zu entscheiden, wer Anstoß und wer Seitenwahl hat.

Schiedsrichter-Dress (um 1970)

Abzeichen des Vereins, dem der Schiedsrichter angehört

Schiedsrichter sollten tadellos gekleidet sein, das Hemd wird in die Hose gesteckt.

Schiedsrichter tragen normalerweise schwarze Hosen.

Verwarnungen↓

Verwarnungen und Platzverweise waren früher sehr selten. Inzwischen verlangt die FIFA von ihren Schiedsrichtern jedoch mehr Strenge.

Erhält ein Spieler im Verlauf eines Spiels eine zweite gelbe Karte, bekommt er gleichzeitig auch die rote Karte gezeigt (gelb-rote Karte).

Der Schiedsrichter pfeift, um das Spiel z. B. wegen eines Fouls zu unterbrechen. Ein Pfiff signalisiert auch Beginn und Ende jeder Halbzeit.

Schiedsrichter müssen durchtrainiert sein, damit sie das ganze Spiel über mitlaufen können.

Ehemalige UdSSR · Australien · Neuseeland · Bangladesch · Island · Portugal · USA · Kolumbien · Italien

↑Weltklasse-Schiedsrichter

Oben sind die Abzeichen einiger Schiedsrichter-Verbände abgebildet. Die Schiedsrichter haben es oft nicht leicht. Die Aussicht, eines Tages bei einem wichtigen Länderspiel dabei zu sein, wiegt jedoch vieles auf.

Offizielles FIFA-Abzeichen für Linienrichter · Abzeichen für Linienrichterinnen

Hilfe von den Seitenlinien↑

Die ersten Linienrichter gaben dem Schiedsrichter mit ihrem Taschentuch Zeichen. Heute haben sie dazu eine Fahne. Mit ihr zeigen sie Abseitsstellungen, Ausbälle und Regelwidrigkeiten an.

Die ersten Schiedsrichter trugen Knickerbocker.

Das Jackett hatte Taschen für Notizblock und Stoppuhr.

↑Schiedsrichter werden

Diese Abbildung schmückte den Umschlag einer Anleitung für Schiedsrichter aus dem Jahr 1906.

Nach einer Prüfung beginnt man bei den Amateuren. Durch Fortbildungen und das Sammeln praktischer Erfahrung kann man sich für Länder- und Profispiele qualifizieren und Profischiedsrichter werden.

Auf diesem Bild von Samuel Brandão wird in Rio de Janeiro Fußball auf einem roten Lehmplatz gespielt.

Der Fußballplatz

Wenn das Spielfeld nicht gepflegt wird, wird es schnell schlammig und uneben, besonders bei kaltem, nassem Wetter. Mithilfe von besonderen Grassorten und einer guten Drainage bemühen sich die Vereine, den Rasen in gutem Zustand zu halten. Von Zeit zu Zeit wird er auch ausgetauscht. Im Winter wird oft eine Spielpause eingelegt. In der 1. und 2. Bundesliga ist eine Rasenheizung vorgeschrieben.

Beim Rasenmähen lassen sich Muster auf den Platz „zeichnen".

Straßenfußball→

Als auf den Straßen noch weniger Autos fuhren, konnten die Kinder dort noch Fußball spielen. Sie übten Ballbeherrschung und Dribbeln. Kleiderstücke markierten die Tore.

Jean-Pierre Papin (AC Mailand)

Vorbereitung des Spielfelds in einem englischen Stadion (1953)

←Schneebedeckt

Bei Schnee sind die Linien und der Ball schlecht zu erkennen. Trotzdem werden die Spiele meist angepfiffen – sobald die Linien abgefegt sind. Der Ball ist dann orangefarben.

↑Frostschutz

Vieles wurde schon ausprobiert, um das Gefrieren des Spielfelds zu verhindern. Manche Spielfelder wurden mit Stroh abgedeckt, auf andere stellte man Kohlebecken. Im englischen Everton installierte man 1958 erstmals eine unterirdische Heizung.

↑Gefälle und Schatten

Moderne Spielfelder wie das des Fußballklubs Brighton & Hove Albion sind gewölbt, dadurch fließt das Wasser besser ab. Große Tribünen lassen weniger Licht und Luft an den Rasen und hemmen sein Wachstum.

↑Rasenpflege

Seine Pflege macht viel Arbeit. Im Sommer wird das Gras gemäht, gewässert und regelmäßig gedüngt. Im Winter muss das Spielfeld immer wieder ausgebessert werden. Eigens gezüchtete Grassorten können auch im Schatten der Tribünen wachsen.

Querschnitt durch ein Spielfeld (Modell)

↑Zu nass?

Eine gute Drainage ist sehr wichtig. Rohre, Sand-, Kies- und Steinschichten werden unter dem Rasen verlegt. In den Humusboden wird viel Sand gemischt, damit er weniger Feuchtigkeit aufnimmt und sich das Wasser nicht staut.

↓Besser als echtes Gras?

Kunstrasen ist widerstandsfähiger als Naturrasen. Platzregen oder Frost können ihm nichts anhaben. Viele Spieler lehnen Kunstrasen jedoch ab, weil er die Verletzungsgefahr erhöht. Heute bevorzugen die meisten Vereine Hybridrasen, der aus künstlichen Fasern und echtem Rasen besteht.

Kunstrasen, von der Seite, von oben und von unten

Spieltechnik

Jeder Spieler hat bestimmte Aufgaben. Die Verteidiger nehmen dem Gegner den Ball ab, die Mittelfeldspieler bringen den Ball nach vorn und die Stürmer schießen die Tore. Alle müssen eine Reihe von grundlegenden Fertigkeiten beherrschen. Das Trainieren von Geschicklichkeit und Technik gehört zur täglichen Routine.

Ballkontrolle →

Spieler wie Wayne Rooney (England) sind am Ball wahre Künstler. Ihre perfekte Ballkontrolle erlaubt es ihnen, den Ball am Gegner vorbeizuzirkeln, ihn bogenförmig weiterzuspielen oder mit Effet zu schießen.

← Tackling

Mit einem Tackling versuchen die Spieler, dem Gegner den Ball abzunehmen. Mats Hummels (hier noch bei Borussia Dortmund) ist einer der besten Tackler im modernen Fußball. Er beherrscht das perfekte Timing, trifft erst den Ball und vermeidet so ein Foul.

Pässe →

Mit gutem Passspiel wird das Spielfeld am besten überquert. Und präzise Pässe sind auch das Kennzeichen erfolgreicher Teams. Ex-Barcelona-Spieler Xavi beherrschte vorausschauende Pässe – er spielte sie für seine Stürmer in den freien Raum, selbst wenn er eng gedeckt war.

Alle Teile des Fußes werden eingesetzt, um dem Ball die gewünschte Richtung zu geben.

Optimale Möglichkeiten haben Spieler, die den Ball mit beiden Füßen passen können.

Der Verteidiger versucht in jedem Fall dem Stürmer den Ball abzunehmen.

Ein gut getimter Absprung hilft den Ball richtig zu treffen.

Kopfball ↑

Mit Kopfstößen kann man angreifen und verteidigen. Der ivorische Stürmer Didier Drogba springt hier höher als der Gegner und köpft den Ball ins Netz.

Der Spieler täuscht die Bewegung in eine Richtung an – und läuft in die andere.

↑ Dribbeln

Laufen und den Ball am Fuß behalten, das ist Dribbeln. Der brasilianische Ballvirtuose Ronaldinho hat das Fußballspielen auf den Straßen von Porto Alegre (Brasilien) erlernt. Ein Dribbler, der sich wie er konzentriert und geschickt mit dem Ball bewegt, kann schnell die Richtung wechseln und die Abwehr überlisten.

Kopfbewegungen vermeiden, erhöht die Präzision.

← Über die Flügel

Flanken und scharfe Pässe von den Flügeln führen häufig zu Toren. Spieler, die den Ball genau und im richtigen Tempo zuspielen können, sind sehr wertvoll für eine Mannschaft. Cristiano Ronaldo spielt als Flügelstürmer für Portugal und Real Madrid und schießt wohl die weltbesten Freistöße. Er schlägt sie mit Wucht und Effet. Dabei steht sein linker Fuß fest neben dem Ball und die Arme halten das Gleichgewicht, bevor der rechte Fuß den Ball trifft. Wo der Fuß den Ball trifft, beeinflusst dessen Flugbahn.

Ausgebreitete Arme halten das Gleichgewicht.

Liegt der Körperschwerpunkt über dem Ball, kann man kräftiger schießen.

Der Fuß streift den Ball unten mit dem Innenspann und verleiht ihm dadurch Effet.

Den Kopf senken und den Ball statt das Tor im Blick behalten: Ein sauberer Ballkontakt ist die Folge.

← Torschuss

Beim Torschuss müssen Stürmer den freien Raum im Tor anvisieren und den Ball mit Wucht und Präzision dorthin schießen. Edinson Cavani aus Uruguay ist einer der verlässlichsten Torjäger der Welt.

Das linke Bein steht fest am Boden und gibt dem Körper Halt.

Ein kräftiger Schuss beim Fallrückzieher gelingt, wenn der Spieler waagerecht in der Luft liegt und den Ball mit dem Vollspann trifft.

Durch Hochspringen verhindert der Spieler, dass der Ball über die Latte fliegt.

Fallrückzieher →

Erfunden wurde dieser Schuss in den 1930er-Jahren. Mit dem Rücken zum Tor wirft der Stürmer die Beine hoch, lässt sich nach hinten fallen und tritt gegen den Ball. Für den Torwart kommt der Ball oft überraschend. Die Figur des italienischen Stürmers Roberto Baggio zeigt hier die dafür ideale Körperhaltung.

Der Torwart

Ein einziger Fehler des Torwarts kann seiner Mannschaft den Sieg kosten. Daher trägt er besonders viel Verantwortung. Der Torwart muss andere Techniken beherrschen als die Feldspieler. Er benötigt Kraft und Geschicklichkeit, muss reaktionsschnell und sprungkräftig sein. Und er behält jederzeit die Übersicht und dirigiert die Abwehr vor sich.

← Fangen
Dieses Bild zeigt die angeblich einfachste Abwehrtechnik: Der Torwart fängt den Ball mit dem eigenen Körper ab. Oft muss er aber auch spektakulär durch die Luft hechten. Entscheidend für den Erfolg des Torwarts ist jedoch sein Stellungsspiel, d. h. zur rechten Zeit an der richtigen Stelle zu sein.

← Faustabwehr
Der Torwart auf dieser Umschlagillustration von 1900 versucht eine Faustabwehr. Er sollte den Ball jedoch eher mit den Händen fangen, da die Angreifer genügend Abstand halten. Heute lassen Schiedsrichter nur selten zu, dass der Torwart attackiert wird, während er den Ball fängt.

Spielkleidung

Bis 1909 unterschieden sich Torwarte nur durch eine Kappe von den anderen Spielern ihrer Mannschaft, sodass der Schiedsrichter manchmal kaum erkennen konnte, wer im Torraum gerade den Ball in die Hand nahm. Ab 1909 bis Anfang der 1990er-Jahre trugen Torwarte ein einfarbiges Trikot in einer anderen Farbe als die Mannschaft. Das Verbot kurze Ärmel zu tragen, gilt heute nicht mehr.

Kleeblätter sind das Symbol Irlands.

↑ Irisches Trikot
Als Torwart der irischen Nationalelf trug Alan Kelly dieses Trikot. Er war von 1957 bis 1973 bei 47 Spielen dabei. Damals trugen die meisten Torhüter gelbe Trikots.

← Farbenfroh
Seit die Vorschriften für Torwartkleidung nicht mehr so streng sind, wurden die verschiedensten Kombinationen ausprobiert. Nicht alle waren geeignet, wenngleich fluoreszierende Farben für die Verteidiger gut zu sehen sind.

Biegsame Plastikglieder stützen die Finger.

Moderne Handschuhe schützen die Hände vor Verletzungen.

Handschuhe →
Bis in die 1970er-Jahre hatten Torhüter nur bei Nässe Handschuhe an. Heute werden sie immer getragen. Es gibt sie in allen Variationen.

Viele Torhüter trugen eine Kappe, um nicht geblendet zu werden.

Die ausgebreiteten Arme sind bereit den Ball aufzunehmen.

← Schusswinkel verkürzen

Die Abbildung aus den 1930er-Jahren zeigt einen Torwart, der auf den Ball wartet. Wenn sich ein gegnerischer Spieler mit dem Ball dem Tor nähert, sollte der Torwart die Torlinie verlassen und sich auf den Ball zubewegen. Das Verkürzen des Schusswinkels gehört zu den wichtigsten Techniken eines Torwarts.

← Laut und deutlich

Gianluigi Buffon, Ausnahmetorhüter von Italien und Juventus Turin, dirigiert seine Teamkameraden im Strafraum mit lauten Rufen. Dank dieser Verständigung können die Spieler bei einem Freistoß die Mauer richtig stellen oder sich bei einem Eckstoß effektiv postieren.

Torhüter organisieren mit Gesten die Abwehrmauer bei einem Freistoß.

Abwurf ↑

Die Abbildung zeigt eine typische Handbewegung des Torwarts. Ein schneller Abwurf kann einen gefährlichen Angriff einleiten.

Abstoß ↑

Wenn der Ball vom Gegner über die Torauslinie befördert wird, gibt es Abstoß. Von einem beliebigen Punkt im Torraum schießt der Torwart oder ein Feldspieler den Ball ins Spielfeld.

Spieltaktik

Die Taktik spielt im Fußball eine große Rolle. Trainer und Manager halten ihre Strategien bis zum Spielbeginn geheim. Seit es Fußball gibt, überlegen sich die Mannschaften besondere Formationen, um die Stärken der einzelnen Spieler optimal zu nutzen. Weil das Fußballspiel heute sehr viel schneller geworden ist, müssen die Spieler möglichst vielseitig einsetzbar sein.

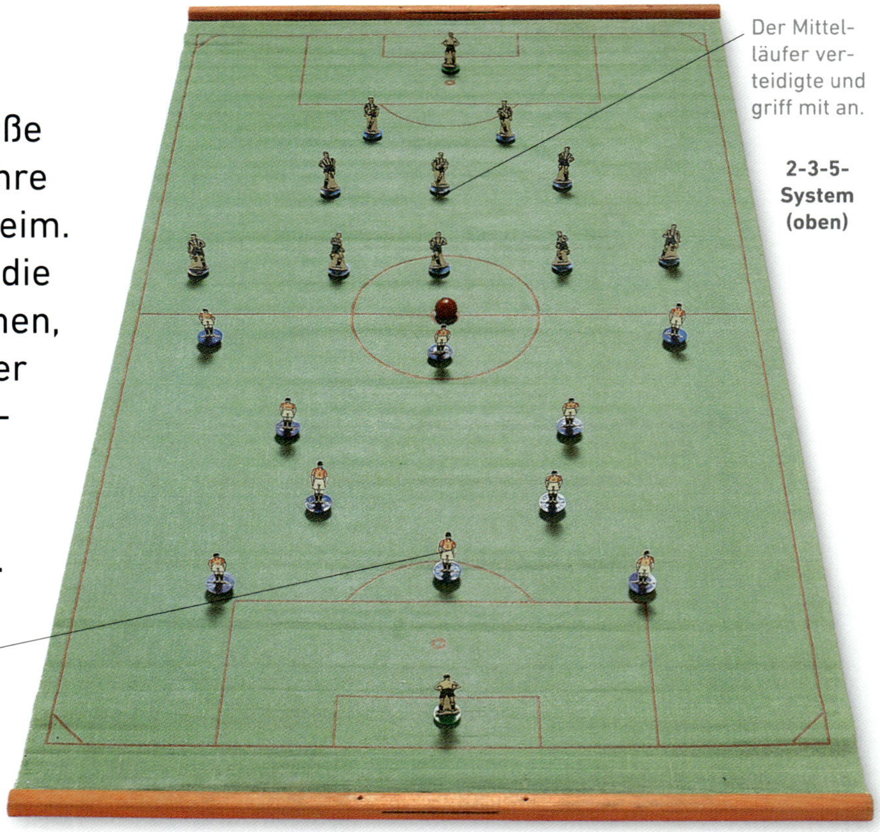

Der Mittelläufer verteidigte und griff mit an.

2-3-5-System (oben)

Der Mittelläufer blieb hinten.

3-2-2-3-System (unten)

↑ Gut platziert

Das 2-3-5-System wurde bis 1930 bevorzugt. H. Chapman von Arsenal London führte dann als erster Trainer eine radikale Änderung ein und zog die Halbstürmer und den Mittelläufer zum WM-System zurück.

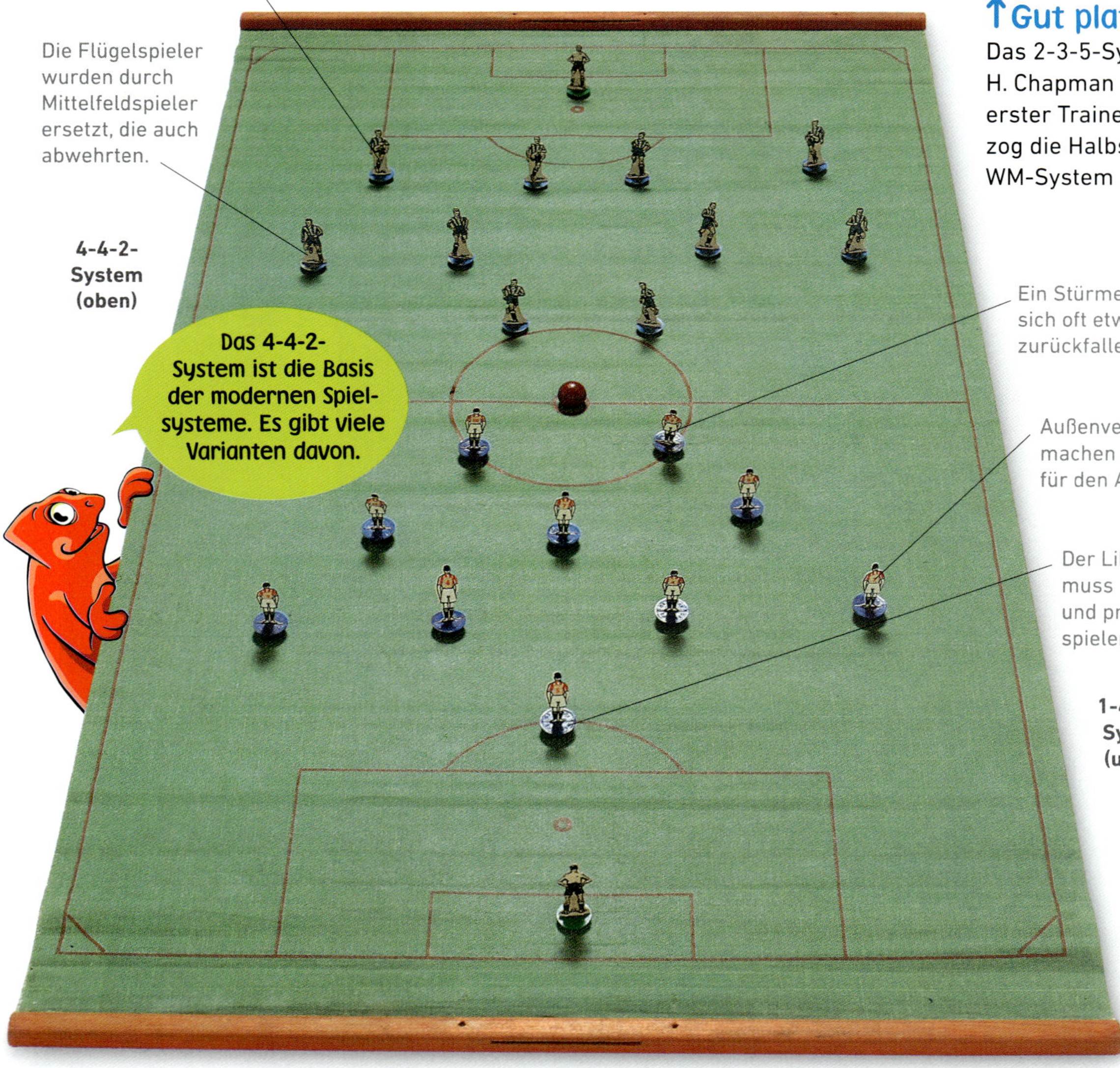

Deutschland gewann die WM 2014 mit einer Viererkette.

Die Flügelspieler wurden durch Mittelfeldspieler ersetzt, die auch abwehrten.

4-4-2-System (oben)

Ein Stürmer lässt sich oft etwas zurückfallen.

Außenverteidiger machen den Raum für den Angriff frei.

Der Libero muss kreativ und präzise spielen.

1-4-3-2-System (unten)

↑ Spielplan

Computerprogramm zur Taktikschulung für das 4-3-3-System, das im modernen Fußball sehr häufig eingesetzt wird.

← Liberosystem

Das Liberosystem ist eine historische Formation, die einen Libero (freien Spieler) zwischen dem Torwart und der Abwehr als Unterstützung der Verteidigung vorsieht.

Massive Abwehr ↓

Den gegnerischen Stürmern keinen Raum zu lassen und einzelne Spieler in „Manndeckung“ zu nehmen, gehört zu den grundlegenden Verteidigungstaktiken. Es heißt oft, dass die besten Mannschaften auf eine gute Abwehr aufbauen. Hier blocken Verteidiger des Paris FC einen Stürmer ab.

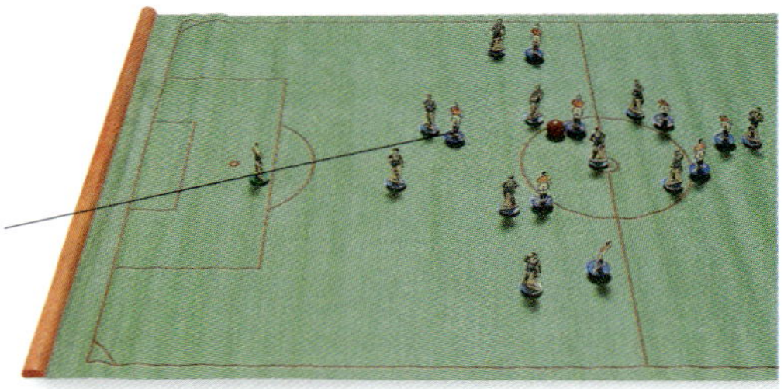

↑ Die alte Abseitsregel

Die erste Abseitsregel von 1866 verlangte, dass sich bei der Ballabgabe drei Abwehrspieler – einschließlich des Torwarts – zwischen dem Angreifer und dem Tor befinden mussten.

↑ Die neue Abseitsregel

1925 änderte die FIFA die Regel: Zwischen Angreifer und Tor mussten sich nur noch zwei Abwehrspieler (einschließlich des Torwarts) befinden. Die aktuell gültige Abseitsregel wird im Glossar erklärt.

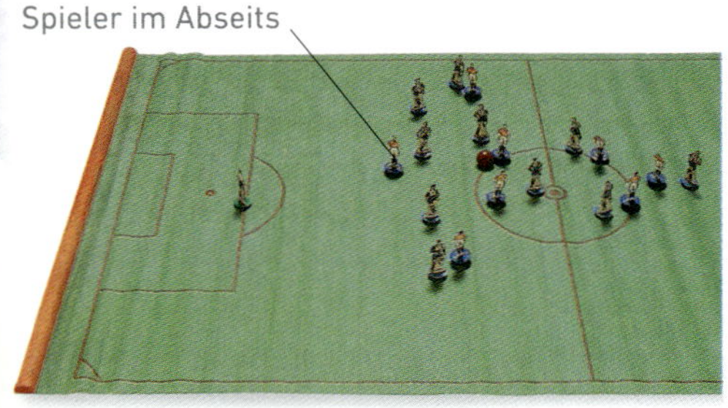

↑ Abseitsfalle

So funktioniert eine Abseitsfalle: Der angreifende Mittelfeldspieler ist im Begriff den Ball nach vorn zu passen – jetzt bewegt sich die Abwehr in einer Linie vorwärts, sodass der Stürmer im Augenblick der Ballabgabe im Abseits steht.

← Abwechseln

Die FIFA genehmigte ab 1923 nur das Auswechseln von verletzten Spielern. Deshalb täuschten Spieler Verletzungen vor, um dem Trainer taktische Wechsel zu ermöglichen. Heute dürfen bis zu drei Spieler ausgetauscht werden.

← Einstudiert

Javier Zanettis Tor für Argentinien im Spiel gegen England (WM 1998) bewies den Nutzen einstudierter Abläufe. Viele Tore sind das Ergebnis der beim Training eingeübten Spielzüge.

Fußballer-
karikatur

Verletzungen

Training und das Auskurieren von Verletzungen gehören zum Alltag der Profis. Dank des Fortschritts in der Medizin können viele Verletzungen zügig und erfolgreich behandelt werden. Mit Physiotherapie, richtiger Ernährung und Psychologie halten die großen Klubs ihre Mannschaften in Form.

← Hartes Training

Unter der Leitung des Trainers Vittorio Pozzo errang die italienische Mannschaft 1934 und 1938 zwei WM-Siege. Er erkannte die Bedeutung der körperlichen Fitness für das Spiel und ließ seine Männer hart trainieren. Dies zahlte sich u. a. bei der Verlängerung im WM-Finale von 1934 aus, als Italien gegen die damalige Tschechoslowakei das entscheidende Tor schoss.

↑ Durchtrainiert

Das Training mit Medizinbällen fördert den Muskelaufbau und die Ausdauer. Es werden aber auch ausgeklügelte Geräte und Trainingsprogramme eingesetzt. Kraft und Kondition sind wichtiger denn je: Profis treten in einer Saison bei bis zu 70 Spielen an.

← Aufwärmen und abkühlen

Das Aufwärmtraining ist wichtig: Bei gelockerten, warmen Muskeln kommt es seltener zu Rissen und Zerrungen. Viele Mannschaften führen nach dem Spiel ein „Abkühltraining“ durch, das der Muskelentspannung dient.

Krankenbahre mit hölzernen Tragestangen

In den Bezug ist ein Kissen eingearbeitet.

Der Verletzte lag auf einem Streifen Segeltuch.

↑ Bahren

Die abgebildete Trage wurde in den 1920er-Jahren von einem englischen Klub verwendet. Heute müssen verletzte Spieler nach der Behandlung den Platz verlassen und dürfen erst einige Augenblicke später, wenn sie fit sind, wieder ins Spiel eingreifen. In vielen Ländern verwendet man für den Abtransport von Verletzten motorisierte Bahren.

Erstversorgung →

Schwamm und kaltes Wasser spielen beim Fußball eine große Rolle. Manch ein Sportler war nach einer „kalten Abreibung“ schnell wieder fit. Heute behandeln Physiotherapeuten angeschlagene Spieler auf dem Feld. Sie sind dafür ausgebildet die Erstversorgung von Sportverletzungen zu gewährleisten.

Auch heute noch findet der Schwamm Verwendung.

←Platzwunde

Manche Spieler lassen sich von Verletzungen nicht stoppen. Englands Verteidiger Terry Butcher (links) spielte in einem wichtigen WM-Qualifikationsspiel in Schweden am 6. September 1989 mit einer blutenden Kopfwunde und blutverschmiertem Trikot. Heute müssen Spieler, die sich eine blutende Verletzung zuziehen, am Spielfeldrand behandelt werden.

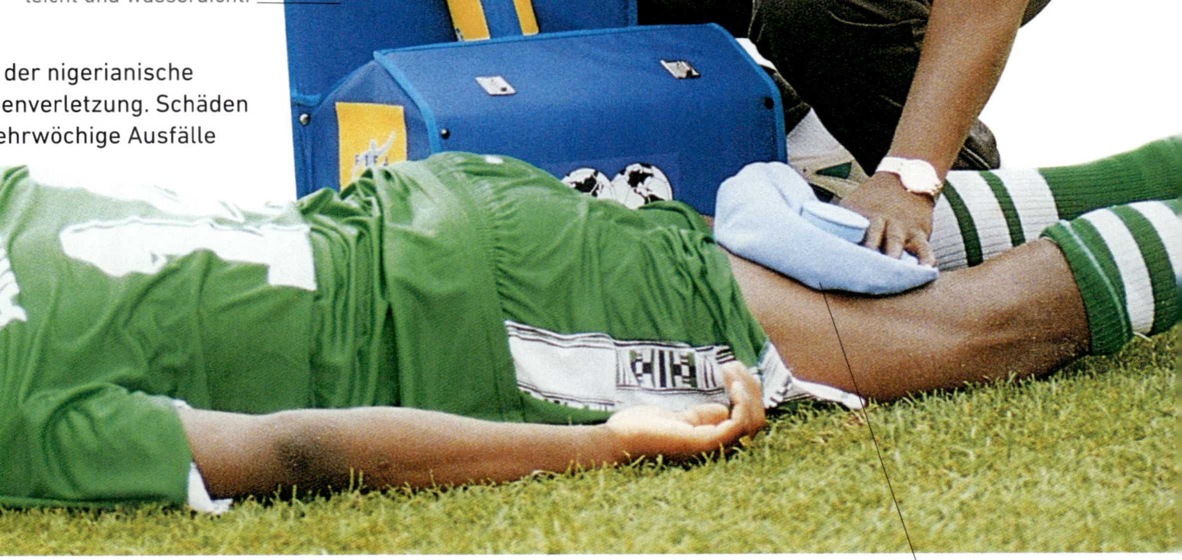

Das medizinische Personal ist gut ausgerüstet.

Auf das Spielfeld darf man nur mit Ausweiskarte.

Moderne Arztkoffer sind leicht und wasserdicht.

Muskelrisse und Prellungen werden sofort mit Eis gekühlt.

Langer Ausfall↓

Bei einem Spiel der WM 1994 erlitt der nigerianische Spieler Daniel Amokachi eine Sehnenverletzung. Schäden an Muskeln und Sehnen können mehrwöchige Ausfälle zur Folge haben.

Arztkoffer aus Leder

Zur Erste-Hilfe-Ausrüstung gehörte auch Chloroform zur Betäubung Schwerverletzter.

←Erste-Hilfe

Der Arztkoffer (Anfang 20. Jh.) gehörte dem englischen Verein Ramsgate FC. In den Flaschen befanden sich verschiedene Mittel, die durchblutungsfördernd, desinfizierend oder schmerzlindernd wirkten. In vielen Ländern muss bei Spielen von Profiklubs ein Arzt zugegen sein, der Kopfverletzungen und Brüche an Ort und Stelle versorgt.

Fußbälle

Die ersten Bälle, mit denen vor Hunderten von Jahren gespielt wurde, bestanden aus einer aufgeblasenen Tierblase. Weil diese Blasen leicht platzten, nähte man sie in eine schützende Hülle aus Tierhäuten ein, die man zuvor zu Leder gegerbt hatte und dann mit einem Wasser abweisenden Stoff behandelte. Nach diesem Prinzip sind auch die modernen Fußbälle gestaltet, jedoch wird für die Hülle statt Leder ein robustes synthetisches Material verwendet.

↑Acht Segmente

In den 1870er-Jahren nähte man die Bälle aus acht Ledersegmenten zusammen. Oben und unten wurde ein rundes Lederstück aufgesteppt. Sie waren schwer und konnten nicht weit geschossen werden. Bei Regen sog sich das Leder voll. Mit diesen Bällen waren Kopfstöße lebensgefährlich. Dafür eigneten sie sich gut zum Dribbeln.

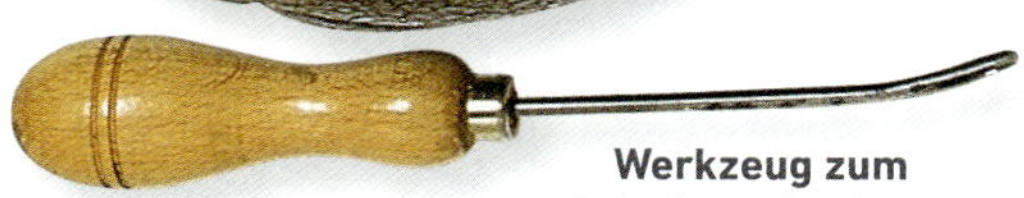

Werkzeug zum Schnüren des Balls

↑Maßarbeit

Beim Länderspiel zwischen Wales und England wurde 1912 mit diesem Ball gespielt. Er besteht aus einer Schweineblase und einer Hülle aus Rindsleder. Bälle dieser Art wurden im 20. Jh. lange Zeit verwendet. Bei nassem Wetter sogen sie sich voll, wurden schwerer und verformten sich.

Mit Schablonen wurden ab 1900 die Namen der Hersteller aufgemalt.

Kupferschablone

Die Verschnürung der Ballhülle stand leicht über.

Ineinandergreifende Lederstücke

Mit Schablone aufgemalter Markenname

↑Länger Haltbar

Bälle wie dieser wurden bei der WM 1966 in England verwendet. Wie man sehen kann, war an den Bällen seit 1912 kaum etwas verändert worden. Die Lederhülle wurde ab den 1940er-Jahren innen gefüttert, um die Haltbarkeit zu verlängern. Außen war das Leder mit einem leicht Wasser abweisenden Pigment versiegelt.

Ball in den französischen Nationalfarben

Die Farben der WM→

Die ersten WM-Bälle, die nicht schwarz-weiß waren, wurden bei der WM in Frankreich 1998 eingesetzt. Sie hatten einen glänzenden, wasserdichten synthetischen Überzug. Zwischen diesem und der Gummiblase im Inneren war eine Schicht Schaumgummi.

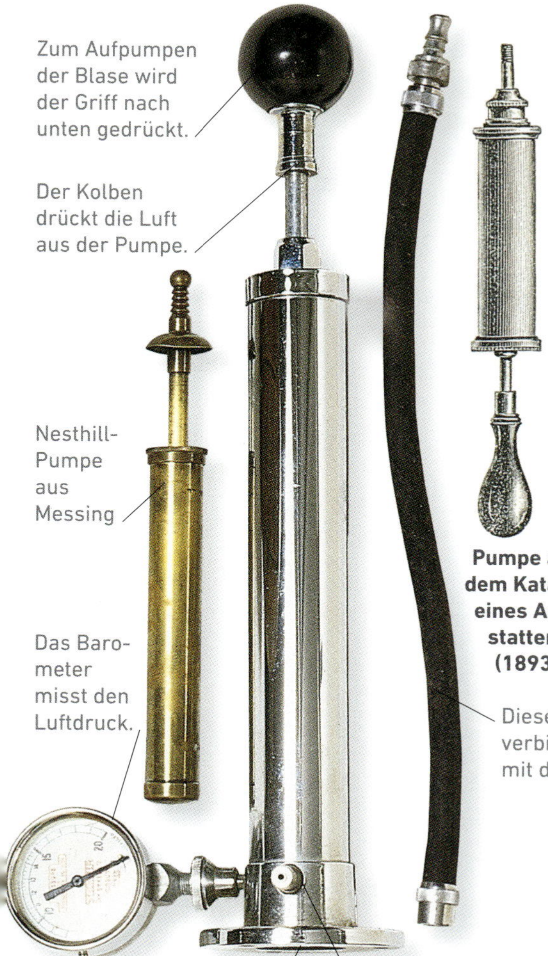

Zum Aufpumpen der Blase wird der Griff nach unten gedrückt.

Der Kolben drückt die Luft aus der Pumpe.

Nesthill-Pumpe aus Messing

Das Barometer misst den Luftdruck.

Die Pumpe wird aufrecht stehend benutzt.

Druckventil

Pumpe aus dem Katalog eines Ausstatters (1893)

Dieser Schlauch verbindet die Pumpe mit dem Ballventil.

↑ Aufgepumpt

Im Lauf der Zeit entwich die Luft aus der Blase und der Ball musste wieder aufgepumpt werden. Wenn man die Blase zu stark aufpumpte, konnte sie platzen. Deshalb wurden Pumpen mit Druckmesser entwickelt (um 1890).

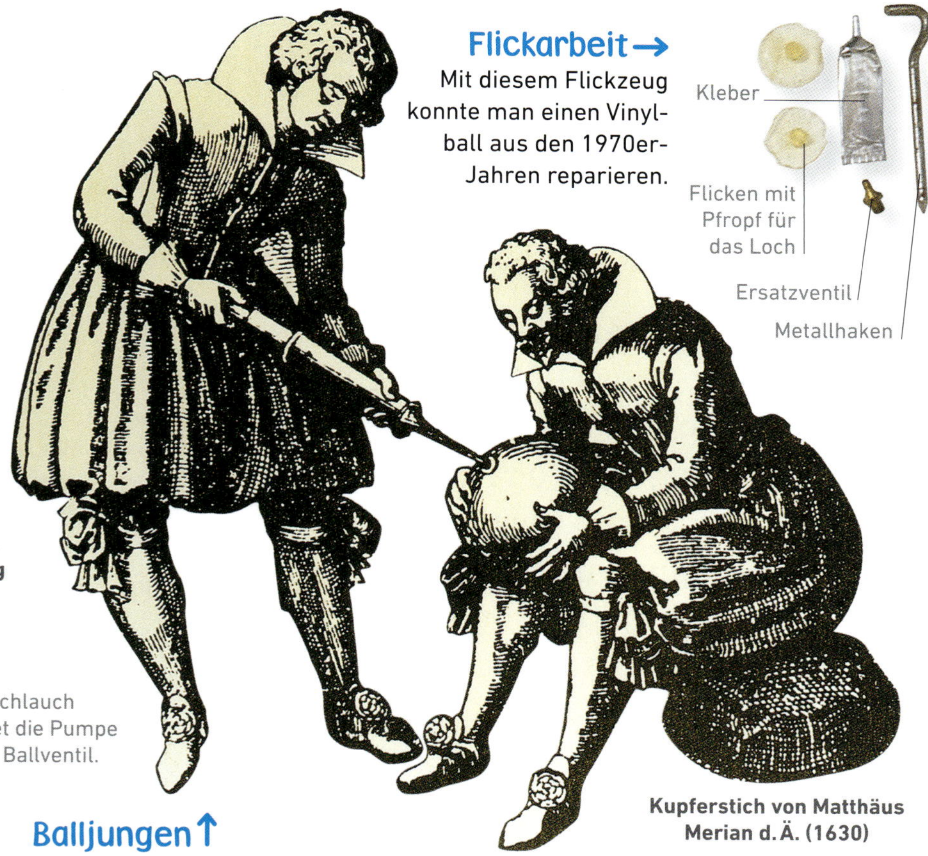

Kupferstich von Matthäus Merian d. Ä. (1630)

Balljungen ↑

Der Stich aus dem 17. Jh. zeigt zwei Männer, die eine Schweineblase für ein Ballspiel aufpumpen. Die beiden Diener bereiten einen Ersatzball für ihre Herren vor, die Pallone spielen, eine Fußballvariante jener Zeit.

Flickarbeit →

Mit diesem Flickzeug konnte man einen Vinylball aus den 1970er-Jahren reparieren.

Kleber

Flicken mit Pfropf für das Loch

Ersatzventil

Metallhaken

Wenn der Ball durch die Luft wirbelt, blitzen die Farben auf.

Calcio-Bälle bestehen aus zusammengenähten und bemalten Lederstücken.

Andere Bälle

Es gibt auf der Welt noch andere, z. T. sehr alte Spiele, bei denen der Ball mit den Füßen gespielt wird – und jedes hat seinen eigenen Ball. Manche Bälle erinnern in Form und Farbe noch an die religiösen Wurzeln des jeweiligen Spiels. Andere sind sehr widerstandsfähig und wurden der Spielweise angepasst.

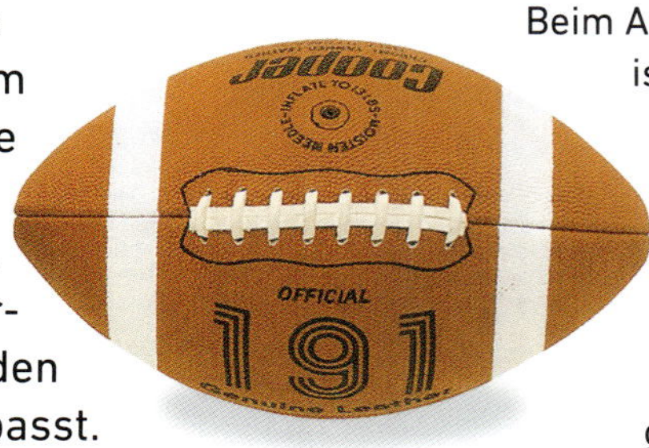

↓ Eiform

Beim American Football ist das Werfen die wichtigste Form des Zuspiels. Als ovales „Ei" kann der Ball gut festgehalten und weitergegeben werden.

↑ Großes Tor

Auf den schottischen Orkney-Inseln findet zu Neujahr eine Art Fußballspiel statt, das durch alle Straßen gespielt wird. Der Ball ist sehr schwer und schwimmfähig, was wichtig ist, weil ins Meer geschossene Bälle als Tore zählen.

↑ Farbig

Calcio, den man in Italien erstmals im 16. Jh. spielte, wurde 1930 in Florenz wieder eingeführt. Die Bälle sind grün, weiß und rot – passend zu den Kostümen. Calcio-Bälle sind kleiner als normale Fußbälle.

Fußballschuhe

Die Schuhe haben sich in den letzten hundert Jahren am meisten verändert. Das schnelle Spiel des modernen Fußballs wäre in den schweren, klobigen Stiefeln, die bis in die 1930er-Jahre üblich waren, gar nicht möglich gewesen. Bei den ersten WM-Spielen trugen die südamerikanischen Spieler zum großen Erstaunen der Europäer leichtere, niedrigere Schuhe. Es begann der Trend zum ausgeklügelten Spezialschuh.

Alltagsstiefel →

Im späten 19. Jh. hatten nur wenige Fußballer eigene Sportschuhe. Diese Mädchenstiefel wurden auf der Straße und im Haus getragen. Die glatten Sohlen, der Absatz und der hohe Schaft hätten beim Fußball sicher gestört.

Mädchenstiefel (19. Jh.)

Kinderstiefel (um 1920)

Kinder „bolzen" gern ein bisschen.

↑ Spezialschuhe

Etwa ab 1920 wurden Fußballschuhe wie die „Manfield Hotspur" für Fußballer jeden Alters in Serie hergestellt. Kinder- und Erwachsenenschuhe waren gleich gestaltet und besaßen verstärkte Vorder- und Hinterkappen sowie Knöchelschutz. Die Stollen waren aus Leder. Für die meisten waren diese Schuhe unerschwinglich.

↑ Stiefel ohne Stollen

Wer es sich leisten konnte, trug im 19. Jh. solche Fußballschuhe. Die glatten Sohlen erlaubten keine scharfen Wendungen. Für das damals übliche Dribbeln eigneten sie sich einigermaßen gut. Wenn Lederstiefel wie diese nass wurden, waren sie doppelt so schwer.

Für das Finale →

Um 1910 waren diese „Cup Final Specials" aus England auf dem Markt, benannt nach dem Pokalendspiel. Das Korbflechtmuster auf den Vorderkappen sollte den Schuh vorn griffiger machen und helfen das Abrutschen des Balls zu vermeiden.

← Schnürsenkel

Seit den 1930er-Jahren stellte die Firma Paton spezielle Schnürsenkel für Fußballschuhe her. Der Bedarf war groß, denn die Baumwollbänder weichten bei den Spielen durch, trockneten dann aus und rissen schon nach ein paar Spielen.

Weiße Schnürsenkel waren in den 1930er-Jahren modern.

Die Schnürsenkel wurden mehrfach um den Knöchel gewickelt, damit sie fester saßen.

Schuhsponsoren →

Stars wie der Brasilianer Neymar verdienen viel Geld, wenn sie beliebte Markenschuhe tragen. Die Firmen sponsern die Spieler, um ihre Schuhe besser zu vermarkten. Schuhe berühmter Spieler werden auch gern Wohltätigkeitsauktionen oder einem Klubmuseum zur Verfügung gestellt.

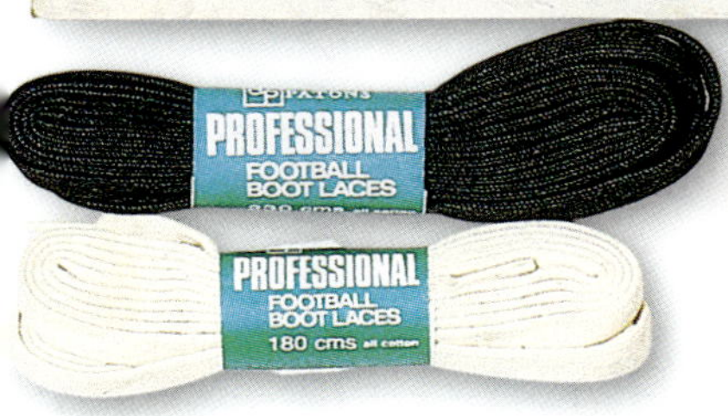

Tom Finney (England) machte diese Schuhe beliebt.

↑ Designerschuhe

Das Oberleder heutiger Schuhe ist meist aus feinstem Känguruleder, das mit Sohlen aus leichtem Kunststoff kombiniert wird, sodass die Spieler ihre Fähigkeiten voll entfalten können. David Beckham (England) trug bei jedem Spiel neue Schuhe – auf diesem Paar stehen sogar die Namen seiner Söhne.

Der moderne Look →

Das klassische schwarz-weiße Design kam in den 1950er-Jahren auf. Der verstärkende Seitenstreifen wurde von älteren Modellen übernommen. Die Schuhe waren biegsamer als ihre Vorgänger und mussten nicht mehr so lange eingelaufen werden. Der verminderte Knöchelschutz ergab mehr Bewegungsfreiheit, erhöhte aber die Verletzungsgefahr.

Stollen

Nasse, schlammige Spielfelder erfordern lange Stollen, kürzere Stollen trägt man auf hartem Boden. Moderne Schuhe haben statt Schraubstollen Nocken, die in die Sohle integriert sind. Die Verletzungsgefahr durch Stollen oder Nocken ist für die Sportverbände stets ein Thema gewesen. Eine der Aufgaben des Schiedsrichters oder eines Assistenten ist die Kontrolle der Schuhe, bevor der Spieler das Feld betritt.

Holzhammer

Stollen mit Nägeln

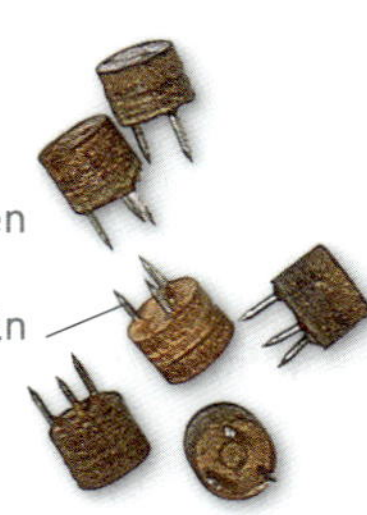

Nägel

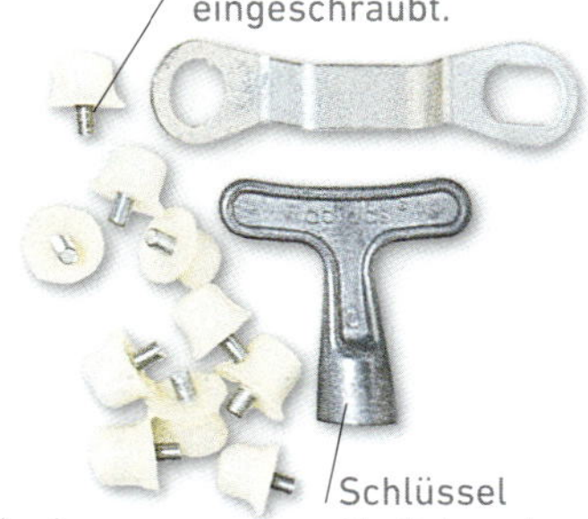

Die Stollen werden eingeschraubt.

Schlüssel für Schraubstollen

↑ Lederstollen

Die Stiefel waren ganz aus Leder. Die Stollen wurden in die Sohle genagelt.

↑ Gummistollen

Später kamen Gummistollen auf. Aber auch sie wurden in die Sohle genagelt.

↑ Schneller Wechsel

Moderne Schraubstollen sind aus Kunststoff oder Metall und können leicht ausgetauscht werden.

Im 19. Jh. trugen sowohl Fußball- als auch Rugbyspieler knielange Knickerbocker ohne Beinschutz.

Spielkleidung

In den Regeln von 1863 waren Hemd, kurze Hosen und lange Socken als Spielkleidung vorgeschrieben. An dieser Grundausstattung hat sich bis heute nichts geändert, aber die Stoffe sind nun andere. Dünne, „atmende“ Stoffe haben sich weltweit durchgesetzt. Die Mannschaften tragen auf dem Spielfeld einen Dress in den Farben ihres Klubs, sodass die Fans sie immer leicht auseinanderhalten können.

Wusstest du, dass Eintracht Braunschweig 1973 als erster deutscher Fußballklub einen Trikotsponsor hatte?

Orangener Dress →

Der niederländische Dress ist der einzige in der Farbe Orange. Die Anhänger tragen ebenfalls orangefarbene Trikots oder Fanartikel. Hier ist Stürmer Klaas-Jan Huntelaar am Ball.

← Wolltrikots

Im späten 19. Jh. waren Fußballtrikots oft aus Wolle. Sie saugten sich bei Regen voll Wasser.

← Auswärtsdress

Im Endspiel der WM 1966 trugen die Engländer nicht den weißen Heimdress, sondern rote Trikots, da der Auswärtsdress der deutschen Mannschaft weiß war.

↑ Mit Schnürung

Nach 1900 kam eine einheitliche Spielkleidung auf. Spieler von Newcastle United trugen solche schwarz-weißen Trikots beim Endspiel um den FA Cup 1908. Dieses ältere Modell ist aus dicker Baumwolle und hat einen Schnürverschluss.

↑ Australien

Dieser Wollpullover mit Baumwollkragen wurde 1925 von der australischen Nationalmannschaft bei einem Länderspiel getragen.

Atmungsaktiv →

Moderne Trikots halten ihren Träger kühl und trocken, indem sie Flüssigkeit nach außen transportieren. Dieses brasilianische WM-Trikot von 1994 war aus leichtem Synthetik gemacht.

↑ Lange Strümpfe

Diese Wollstutzen aus den 1920er-Jahren sehen genauso aus wie ihre modernen Nachfolger aus Synthetikfaser. Gehalten werden sie am Bund mit Bändern. Gegen Ende eines anstrengenden Spiels, wenn die Sportler leicht Krämpfe bekommen, lösen viele die Bänder.

Cremefarbene Flanellshorts (um 1900)

Robuste Baumwollshorts (um 1930)

Shorts aus Synthetik mit Seitenstreifen

↑ Hosenlänge

Kickende Gentlemen in den 1860er-Jahren traten in langen Hosen an. Als schnelleres Spiel mehr Einsatz verlangte, trug man knielange Knickerbocker. Die weiten Shorts der 1930er-Jahre erreichten ihren modischen Höhepunkt, als Alex James von Arsenal sie trug, „der winzige Mann in den großen Shorts".

Französische Illustration (frühes 20. Jh.)

Leichte Kleidung →

Anfang des 20. Jh. produzierten die Hersteller von Sportkleidung in vielen Ländern jene Art von Dress, den britische Spieler im 19. Jh. im Ausland getragen hatten. Die Trikots wurden dünner und leichter, hatten kurze Ärmel und V-Ausschnitte. So entstand ein mediterraner Stil – hier an dieser Abbildung aus Valencia (Spanien) zu sehen.

Spanische Grafik (frühes 20. Jh.)

← Dress der Damen

Bis zum Ersten Weltkrieg mussten Fußballspielerinnen ihr Haar unter eine Kappe stecken und weite, bauschige Hosen tragen. In den 1940er-Jahren waren viele Männer im Krieg und das Zuschauen beim Frauenfußball wurde zum beliebten Freizeitvergnügen. Als sie allgemein akzeptiert waren, begannen die Damen die gleiche Kleidung wie männliche Fußballer zu tragen, da sie sich am besten für den Sport eignet.

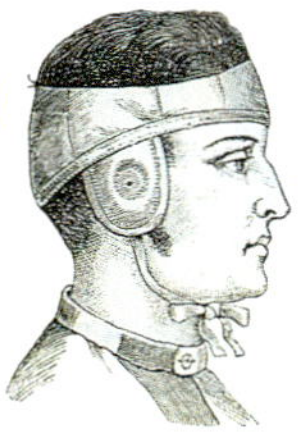

Ohrenschützer (Abbildung aus einem Katalog)

Zubehör

Unbequeme Kleidung und ein hohes Verletzungsrisiko waren für die Pionierzeit des Fußballs typisch. Erst gegen Ende des 19. Jahrhunderts begann man schützendes Zubehör zu verwenden. Seit 1874 verhinderten Schienbeinschützer unzählige Beinverletzungen. Sie gehören noch heute zur Standardausrüstung, während Gegenstände wie Mützen oder Ohrenschützer schon lange nicht mehr in Gebrauch sind.

↑Zeitlos

Um 1900 trug man solche Schienbeinschützer über den Stutzen. Vorn waren sie mit Leder, auf der Rückseite mit Baumwollstoff bezogen. Die Füllung bestand aus Tierhaar.

↑Schienbeinschützer

Die allerersten Modelle wurden über den Stutzen getragen und gingen in einen Knöchelschutz über, der auf dem Stiefel auflag. Manche hatten, wie die hier abgebildeten, einen Bezug aus Wildleder. Sie stammen aus den 1890er-Jahren.

Die geknöpfte Jacke setzte sich als Spielkleidung nicht durch.

Schienbeinschützer mit Schnallen und Riemen

↑Verstärkung

Die Illustration stammt von dem Deckel eines deutschen Fußballspiels aus dem späten 19. Jh. Die Schienbeinschützer sind mit Stäben verstärkt.

Gürtel→

Bis ins 20. Jh. hinein gehörten aufwendig gearbeitete Gürtel zur Ausrüstung, die auch als Erkennungszeichen einer Mannschaft dienten.

Schülergürtel (frühes 20. Jh.)

Damengürtel (1895)

Lange Bänder sorgten für festen Halt.

Schienbeinschützer aus den 1980er-Jahren ähneln denen aus den 1930ern.

↑ Bewegungsfreiheit

Die Schienbeinschützer hatten ab 1910 keinen integrierten Knöchelschutz mehr. Pässe und Laufen ohne Ball waren jetzt wichtiger als früher und erforderten Bewegungsfreiheit.

↑ Näher am Bein

Ab den 1930er-Jahren trug man die Schienbeinschützer unter den Stutzen. Anstelle von Riemen hatten sie Bänder. Die besser anliegenden Stutzen aus Synthetikfaser machten später die Bänder überflüssig.

Leichtgewicht →

Moderne Schienbeinschützer sind leicht und schützen dennoch gut, sogar die empfindliche Achillessehne hinter dem Knöchel: Wie vor hundert Jahren ist der Knöchelschutz heute wieder in die Schienbeinschützer integriert.

Fußballerfigur aus Deutschland, handbemalt

Streifen in den Klubfarben

← Fußballfigur

Diese Porzellanfigur wurde in den 1890er-Jahren in Deutschland hergestellt. Die Kopfbedeckungen der Spieler hatten damals schon eher eine modische Funktion.

Warme Hände →

Bei niedrigen Temperaturen werden gern Handschuhe getragen. Spielern, die zu Verletzungen der Bein- und Bauchmuskulatur neigen, wird zu warmer Unterwäsche geraten, weil warme Muskeln weniger anfällig sind.

Der brasilianische Spieler Gilberto Silva

← Damen-Fußballkappen

Diese Kappen stammen aus dem Jahr 1895. Sie schützten und hielten das Haar der Damen zusammen.

Berühmte Spieler

Fußball ist ein Mannschaftssport. Aber einzelne Spieler ragen durch besonderes Talent aus ihrer Elf heraus, sodass Tausende von Zuschauern vor allem ihretwegen ins Stadion kommen oder das Fernsehgerät einschalten. Alle großen Spieler zeichnen sich dadurch aus, dass sie mit ihren individuellen Fähigkeiten dem Spielverlauf eine völlig neue Wendung geben können.

← Gordon Banks

Der englische Torwart Gordon Banks wurde besonders durch einen Hechtsprung berühmt, mit dem er bei der WM 1970 Pelés (Brasilien) Kopfball abwehrte.

↑ Johan Cruyff

Cruyff war einer der wenigen großen Spieler, die auch gute Trainer wurden. Es gelang ihm, seiner Mannschaft etwas von dem taktischen Geschick zu vermitteln, das seine Spielweise zu einem Genuss machte. Er spielte für Ajax Amsterdam und Barcelona sowie für die niederländische Nationalmannschaft.

↑ Gerd Müller

„Der Bomber der Nation" war ein hervorragender Mittelstürmer. In 62 Länderspielen erzielte er für Deutschland 68 Tore. Bayern München war der Klub, für den er am längsten spielte und 365 Tore erzielte.

Milla war ein großartiger Unterhalter, der seine Freude über ein Tor deutlich ausdrückte.

Roger Milla nach einem Tor für Kamerun im WM-Spiel von 1990 gegen Kolumbien

↑ Roger Milla

Roger Milla war der erste afrikanische Spieler, der weltweit berühmt wurde. 1994 schoss er bei der WM als ältester Spieler mit 42 Jahren ein Tor.

Bobby Charlton →

Der Star von Manchester United überlebte 1958 einen Flugzeugabsturz. Er trug entscheidend zum Sieg Englands bei der WM 1966 bei.

Fortsetzung auf Seite 34

Beim Training übte Eusébio eifrig die Ballkontrolle.

In 67 Länderspielen erzielte Eusébio 40 Tore.

↑Eusébio

Der in Mosambik geborene Stürmer wurde von Benfica Lissabon entdeckt und spielte für Portugal. Sein internationales Debüt gab er im Europapokal-Finale 1962, als er mit zwei Toren zum 5:3 beitrug, mit dem Benfica Gegner Real Madrid besiegte.

Diego Maradona↓

Maradona führte Argentinien 1986 zur Weltmeisterschaft und den SSC Neapel zweimal in den späten 1980er-Jahren zum italienischen Titel. Er war kaum vom Ball zu trennen und hatte einen knallharten Schuss.

Da er nicht groß war, hielt er immer gut das Gleichgewicht.

Im WM-Spiel 1986 gegen England erzielte Maradona zwei Tore. Einem ging ein Handspiel voraus, das zweite krönte ein faszinierender Alleingang.

Wie viele der guten Spieler trug auch Maradona gern die Nummer 10.

Die Fans waren von Maradonas Ballkünsten fasziniert.

↑Garrincha

Garrincha, „Paradiesvogel“, war der Spitzname von Manuel Francisco dos Santos. Trotz krummer Beine wurde er zu einem der schnellsten Rechtsaußen. 1962 trug er mit seinem brillanten Spiel dazu bei, dass Brasilien auch ohne den verletzten Pelé die WM gewann.

Meazza (unten rechts) vor dem Endspiel der WM 1938 mit Sarosi, dem Kapitän der ungarischen Mannschaft

←Giuseppe Meazza

Mit der italienischen Nationalmannschaft errang Meazza 1934 und 1938 zwei WM-Titel. Als Innenstürmer hatte er zahlreiche Tore vorbereitet oder selbst geschossen. Meazza schoss in 53 Länderspielen 33 Tore.

Fortsetzung von Seite 33

Zidane verband als kompletter Angriffsspieler Balance und Stärke.

Lionel Messi →

Der begabte Stürmer Lionel Messi wurde bereits mit 16 Profi beim FC Barcelona und hat mit seinem Klub bislang neun spanische Landesmeisterschaften gewonnen. 5-mal war Messi Weltfußballer des Jahres.

← Cristiano Ronaldo

Portugals Superstar wurde 5-mal Weltfußballer des Jahres. In der Spielzeit 2014/15 erzielte er 61 Tore in 54 Spielen und stellte mit 48 Toren einen Rekord für die spanische Liga auf. Er spielte von 2009 bis 2018 für Real Madrid.

Der Linksfuß Messi spielt mit rechts fast genauso gut und ist einer der besten Dribbler weltweit.

← Zinédine Zidane

Als einer der besten modernen Fußballer verband der französische offensive Mittelfeldspieler Zinédine Zidane physische Kraft mit Können und Intelligenz. 1998 machte er Frankreich erstmals zum Weltmeister dank seiner zwei Tore im Finale gegen Brasilien. Als „Man of the Match" verhalf er Real Madrid 2002 zum Gewinn der Champions League.

Diese beiden Verteidiger spielen für den AS Rom.

Roms Verteidiger in Platinis Schlepptau

↑ Stanley Matthews

Der Rechtsaußen war ein gefürchteter Dribbler. Er spielte 84-mal für das englische Nationalteam und lief noch im Alter von 50 Jahren als Profi für Stoke City auf.

↑ Lew Jaschin

Der stets schwarz gekleidete Jaschin stand bei vier WMs für die UdSSR im Tor und ist bis heute der einzige Torwart, der zum Europäischen Fußballer des Jahres gewählt wurde.

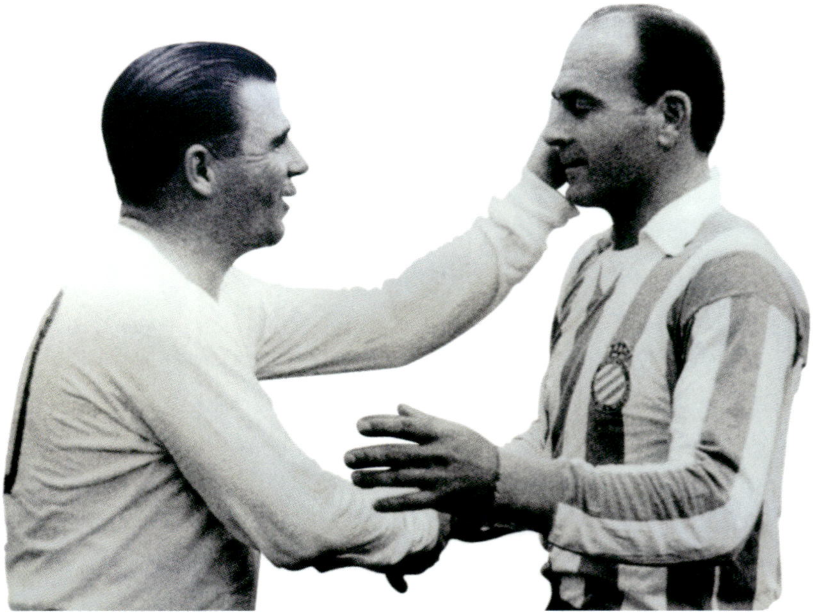

↑Franz Beckenbauer
Beckenbauer war ein genialer Libero und Spielleiter. 1974 gewann er als Kapitän mit Deutschland den WM-Titel, als Trainer führte er 1990 die deutsche Elf zum WM-Sieg.

↑Ferenc Puskás
Der Star von Ungarns berühmtester Mannschaft der 1950er-Jahre war mit dabei, als Ungarn 1953 in Wembley England mit 6:3 besiegte. 1958 ging er zu Real Madrid.

↑Alfredo Di Stefano
Als Real Madrid im europäischen Fußball der 1960er-Jahre eine führende Rolle spielte, war Di Stefano einer der Stars des Klubs.

Seine Schnelligkeit und vorausschauende Spielweise öffneten Platini viele freie Räume.

↑Michel Platini
Als er bei der EM 1984 französischer Mannschaftskapitän war, gewann seine Elf diesen Wettbewerb zum ersten Mal. 1982 wechselte der offensive Mittelfeldspieler zu Juventus Turin und wurde 3-mal italienischer Torschützenkönig.

↑Pelé
Vielleicht der größte Fußballer aller Zeiten. Er erzielte mehr als 1000 Tore – für den brasilianischen Klub Santos, für Cosmos New York und für die brasilianische Nationalmannschaft. Seine Begeisterung für den Fußball machte ihn zu einem wichtigen Vorbild für Nachwuchsspieler.

Historische Auszeichnungen

Spieler, die eine Meisterschaft gewonnen haben, werden mit einer Medaille belohnt. Jene, die in die Nationalmannschaft berufen werden, erhalten zum Beispiel in England eine Kappe als persönliche Trophäe. Die Anzahl der Spiele in der Nationalmannschaft ist ein Maßstab für den Erfolg eines Spielers – ebenso wie die Anzahl der geschossenen Tore. Das erhöht auch ihren Marktwert im Fußball-Geschäft.

Argentinischer „Pokal“: getrocknete Auberginenschale mit Silberrand

Verzierter Silberdolch

Silberlöffel aus Norwegen

Silberlöffel aus Argentinien

Medaillen

Fußballer erhalten diese Auszeichnungen nicht für eine besondere Eigenleistung, sondern weil sie sich um ihre Mannschaft verdient gemacht haben. Medaillen werden auf allen Ebenen verliehen, im Profi- ebenso wie im Amateursport.

Mit Fairness ↓

Früher wurden Medaillen auch für sportliches Verhalten verliehen. Der Verteidiger C. Duckworth erhielt in der Saison 1883/84 diese Medaille für „faires und erfolgreiches Spiel“.

← Kompliment

Diese „Medaille für die Überwindung aller Gegenspieler“ wurde in der Saison 1884/85 verliehen.

↑ Kostbarkeiten

Nach Länderspielen erhalten Fußballer manchmal auch Geschenke vom gegnerischen Fußballverband. Norwegen verteilte 1949 Silberlöffel, Argentinien 1951 u. a. silberne Dolche.

Klubmedaille →

Manche Vereine prägen eigene Medaillen, um ihre Spieler für besondere Leistungen auszuzeichnen.

Sieger des Lancashire Cup (1887)

Ligapokal 1889

FA-Pokal 1889

↑ Double

Die beiden Medaillen ehrten Spieler von Preston North End, die 1888/89 das erste Double gewannen.

Trophäe →

Diese Plakette erinnert an das Länderspiel Frankreich gegen England im Jahr 1947.

↑ Spiel um den dritten Platz

Für den dritten und vierten Platz bei einer WM werden Medaillen überreicht. Bei der WM 2006 wurde Gastgeber Deutschland für den dritten Platz geehrt (3:1-Sieg über Portugal).

Ungarn →

Ungarn übernahm als eine der ersten Nationen die Spielerehrungen nach englischem Vorbild. Rechts eine Medaille für die Teilnehmer an einem Spiel gegen Österreich (1909).

↑ Sieger

Medaille für erfolgreiche Spieler in der Saison 1914/15.

↑ Amateur

Diese Medaille bekam 1920 ein erfolgreicher Amateur.

↑ Arsenal

Die Medaille gehörte vielleicht Alex James von Arsenal.

Kappen

Bevor es den einheitlichen Dress gab, zeigten die Farben der Kappe die Zugehörigkeit zu einer Mannschaft an. Seit 1886 werden den britischen Fußballern, wenn sie für ihr Land spielen, Kappen verliehen, entweder für einzelne Spiele oder für eine ganze Serie von Spielen.

Home Cap →

Diese walisische Kappe erhielten die Teilnehmer an der British Home Championship 1903/04, an der bis 1984 England, Schottland, Nordirland und Wales teilnahmen.

Careys Kappe ↓

Johnny Carey, ein berühmter Verteidiger von Manchester United, bekam diese Kappe 1938.

↑ Schulfarben

Anfangs wurden die Kappen in den englischen Privatschulen verliehen. Jedes Jahr erhielten die besten Spieler Kappen.

↓ Gut trainiert

Der englische Trainer Will Scott wurde 1931 mit dieser Medaille ausgezeichnet.

Fußball verbindet →

Während des Zweiten Weltkriegs nahmen bekannte Fußballer an Freundschaftsspielen teil, die die Moral der Bevölkerung stärken sollten. Tom Finney erhielt 1946 diese drei Medaillen.

↑ Förderung

Auch Unternehmen begannen Fußballereignisse zu würdigen. Die Zeitung *Le Soir* ließ 1953 diese Medaille prägen.

WM-Sieg →

Die Jules-Rimet-Medaille, die den deutschen Fußballern 1954 nach ihrem Sieg über Ungarn verliehen wurde.

Afrikapokal →

Der Sieger der ersten Afrikameisterschaft 1957 wurde mit dieser Medaille geehrt. Ägypten schlug Äthiopien im Finale 4:0.

Berühmte Klubs

↑Alte Dame
Juventus ist der erfolgreichste italienische Klub und hat auch außerhalb Turins eine treue Fangemeinde. Sein Spitzname ist „Alte Dame".

In jedem Land gibt es berühmte Vereine, die in den Ligen und Pokalwettbewerben ihrer Heimat eine große Rolle spielen. Diese Vereine sind meist über lange Zeit erfolgreich, weil sie über die notwendigen finanziellen Mittel verfügen, um gute Spieler einzukaufen und den Nachwuchs zu fördern.

Benfica↓
Die bisher beste Zeit von Benfica Lissabon waren die 1960er-Jahre: 1961 und 1962 gewannen sie den Europapokal der Landesmeister und kamen drei weitere Male ins Endspiel, unterlagen jedoch.

Dieser Adler aus Bronze ist das Symbol von Benfica Lissabon.

Barcelona↑
2015 schlug Barcelona dank Lionel Messi, Luis Suárez und Neymar Juventus Turin 3:1 im Finale der Champions League. Dieser vierte Champions-League-Titel innerhalb von 10 Jahren festigte seinen Ruf als einer der besten Klubs.

Damen aus London→
Nettie Honeyball war die treibende Kraft bei der Gründung der ersten großen Frauenmannschaft in den 1890er-Jahren.

Diese Büste des Meeresgottes Poseidon war Vorbild für das Wappen von Ajax.

Der Klub Ajax wurde 1900 in Amsterdam gegründet.

Junge Talente→
Die Nachwuchsförderung von Ajax zahlte sich aus. Die Talente, zu denen auch Johan Cruyff gehörte, gewannen von 1971 bis 1973 3-mal den Europapokal der Landesmeister. Auch heute noch ist der Klub erfolgreich.

← Umbenannt

Manchester United hieß bei der Gründung Newton Heath. 1902 erfolgte die Umbenennung. 1968 gewannen sie den Europapokal der Landesmeister und 1999 und 2008 die Champions League.

Sammelbild aus den 1890er-Jahren mit Verteidiger Jack Powell

Goldene Jahre →

In den frühen 1970er-Jahren war Bayern München mit drei Europapokaltiteln hintereinander sehr erfolgreich. In der Elf spielten u. a. Franz Beckenbauer, Gerd Müller und Sepp Maier.

Paul Breitner bei Bayern München (1974)

Torhüter Dominguez aus Argentinien

Kapitän Alfredo Di Stefano

Der schnelle Linksaußen Francisco Gento

↑ Spanische Rivalen

Mit legendären Spielern wie Di Stefano und Puskás gewann Real Madrid in den späten 1950er-Jahren die ersten fünf Europapokale der Landesmeister. Real hat einen erbitterten Gegner: den FC Barcelona.

← Rote Teufel

Das Bild zeigt Cagna und Rios von Independiente Buenos Aires (1995). 1964 gewann Independiente als erster argentinischer Klub den Südamerika-Pokal für Vereinsmannschaften, die Copa Libertadores.

↑ Bananengrüße
In den 1980er-Jahren winkten die englischen Fans mit aufblasbaren Bananen von den Tribünen.

Die Fans

Die Fans haben den Fußball zu dem gemacht, was er heute ist: die weltweit beliebteste Sportart. Seit dem späten 20. Jahrhundert hatte man immer mehr Freizeit und verbrachte einen Teil davon mit Sport – aktiv oder passiv. Die Stimmung der Fans beeinflusst das Spiel – je lauter und je bunter sie auftreten, desto besser.

Wimpel von Manchester City (England)

Rosette von Preston North End (England)

Holland-schal

Schal von Lazio Rom (Italien)

← Freie Sicht
Wenn sie ein Spiel sehen wollen, schrecken Fans vor nichts zurück. Im 19. Jh., als es die großen Tribünen noch nicht gab, kletterten zahlreiche Fußballfreunde auf die Bäume rings um den Platz.

↑ Klubfarben
Die Klubfarben spielen eine große Rolle. Früher ließen die Fans vor großen Spielen Rosetten und Wimpel anfertigen, heute tragen sie Schals.

Sammlerstücke →
Heute sind Fanartikel meist mit Klubemblemen verziert, früher waren allgemeine Szenen aus dem Spielgeschehen in Mode. Seit jeher beliebt ist auch das Sammeln von Autogrammen.

Autogrammalbum der 1950er-Jahre, signiert von Manchester United Spielern (England)

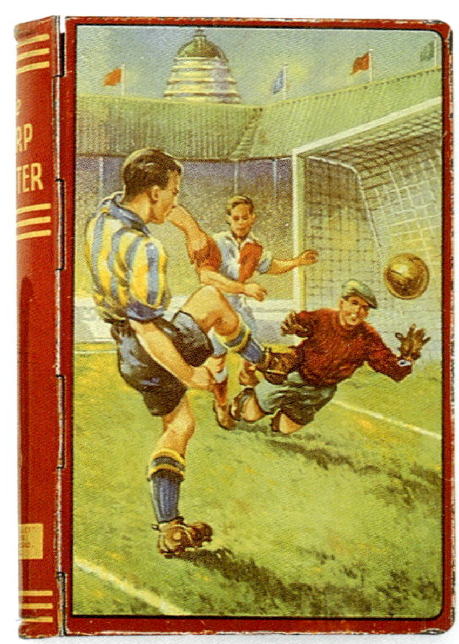

Spardose für Kinder

Griffelkasten aus Holz

Ratsche eines Luftschutzwarts

Ratsche für Erwachsene

Ursprünglich vertrieb man mit Ratschen Vögel.

Im Krieg warnte die Glocke vor einem Luftangriff.

Glocke eines Luftschutzwarts

Das Oberteil dreht sich um den Griff.

Zunge und Zahnrad erzeugen das Geräusch.

Kinderratsche

Unüberhörbar ↑

Bis zu den 1960er-Jahren gehörte der Lärm von Ratschen zur Atmosphäre bei einem Spiel. Danach kamen die Fangesänge auf. Heute dürfen Fans nur Dinge mit ins Stadion nehmen, die auch erlaubt sind.

Kinderrassel

Sehr Laut →

Schon vor 1940 feuerten die Zuschauer ihre Mannschaft durch Lärm an. Die Ratsche und die Glocke gehörten zur Ausrüstung eines Luftschutzwarts. 1946, nach dem Krieg, brachte ein Fan von Derby County sie zu einem FA-Cup-Spiel mit.

↑ Trommeln

Brasilianische Fans sind berühmt dafür, wie sie ihr Team unterstützen. Sie trommeln Sambarhythmen, trillern und pfeifen und tanzen dazu – besonders, wenn ihre Elf gewinnt.

Bemalung →

Bei Länderspielen steht Farbe hoch im Kurs. Hier haben sich zwei fußballbegeisterte afrikanische Fans bei einem Spiel der Afrikameisterschaft in den Farben ihres Teams angemalt.

Französische Anzeigetafel aus dem frühen 20. Jh.

Der Spieltag

Die Atmosphäre eines Spiels, die lärmende Menge und die Nähe zu den Stars wirken so elektrisierend, dass man danach süchtig werden kann. Obwohl viele Spiele im Fernsehen übertragen werden, gehen die Fans, wenn möglich, ins Stadion. Weil sie so abergläubisch sind wie die Sportler, folgen sie dabei häufig einer immer gleichen Routine. Ihre laute Unterstützung ist für die Spieler wichtig.

↑ Viele Zuschauer

Hier haben sich die Fans von West Ham (England) vor ihrer Fahrt zum Pokal-Finale 1923 aufgestellt. Dieses Spiel war das erste in Wembley und hatte wesentlich mehr Zuschauer als die erlaubten 123 000.

Bei der Europameisterschaft 1988 gewannen die Niederlande im Endspiel 2:0 gegen die UdSSR.

Um das Fälschen zu erschweren, tragen Eintrittskarten Hologramme und komplizierte Grafiken.

← Karten

Über den Kartenverkauf kann man die Anzahl der Zuschauer kontrollieren. Früher, als es ausschließlich Stehplätze gab, war dies nur bei Pokalfinalen und bei der WM notwendig. Seit es große Tribünen und Sitzplätze gibt, sind Karten und Sitze nummeriert.

↑ Zeitungen

Die ersten Stadionzeitungen bestanden nur aus einem Blatt mit der Mannschaftsaufstellung. Heute sind sie durchgehend in Farbe, umfangreich und enthalten vielfältige Informationen über Team, Trainer und Gegner.

Große Show →

Um die Spiele noch attraktiver zu gestalten, veranstalten die Klubs vor dem Anpfiff und in der Pause inzwischen regelrechte Shows. Bei der WM-Eröffnung 2006 in Deutschland schwebten Tänzer aus der Luft zum Spielfeld herab.

↑Familienfest

In den USA ist der Besuch eines Fußballspiels meist ein Familienausflug. Bei den Spielen der Major League geht es hoch her. Cheerleader und Bands unterhalten die Besucher, wie hier im Stadion der Vancouver Whitecaps.

Offizielles Abzeichen (1905)

Offizielles Abzeichen der FA (1903)

Diese Abzeichen sind aus Stoff mit Goldstickerei.

FA-Abzeichen (1898)

Die drei englischen Löwen

Dieses Abzeichen wurde 1899 beim Spiel England gegen Schottland getragen.

Zutritt verboten! →

Bestimmte Bereiche des Stadions dürfen nur von Berechtigten betreten werden. Funktionäre trugen auf ihren Jacketts die hier abgebildeten Abzeichen aus den Jahren 1898–1905.

←Freund und Helfer

Polizisten und anderes Sicherheitspersonal wachen bei den Spielen über die Sicherheit von Aktiven und Zuschauern. Manchmal setzt die Polizei auch Hunde oder Pferde ein.

↑Nach dem Spiel

Diese Abbildung stammt von einer Postkarte Anfang des 20. Jh. Zum aktuellen Ausfüllen stand unter der Zeichnung: „Unsere Mannschaft hat mit … Toren gegen … verloren.“

↑ Zwillingstürme
Die berühmten Zwillingstürme von Wembley wurden nicht in das neue Stadion integriert.

Das Stadion

Schon Ende des 19. Jahrhunderts kamen so viele Zuschauer, dass feste Spielplätze mit ausreichendem Raum für das Publikum angelegt werden mussten. Stadien wurden zu einer Notwendigkeit. Sie boten den Besuchern eine gute Sicht, Schutz vor Sonne und Regen und schufen eine besondere Atmosphäre. Eine Reihe von Stadion-Katastrophen, die sich im Lauf der Jahre ereigneten, hatte zur Folge, dass die Bauweise der Tribünen verändert und nummerierte Sitzplätze eingeführt wurden.

↑ Flutlicht
Früher waren die Scheinwerfer auf Masten an den Ecken des Stadions angebracht. Heute hängen sie meist in Reihen an den Tribünendächern.

↑ Fußball-Tragödie
Am 15. April 1989 wurden beim Pokal-Halbfinale im Hillsborough-Stadion in Sheffield (England) 96 Fans zu Tode getrampelt. Das Unglück führte zu neuen Sicherheitsrichtlinien für den Bau von Sportstadien

← Wembley
Das neue Wembley-Stadion wurde 2007 fertiggestellt. Im Vergleich zum alten Stadion ist es doppelt so groß und 4-mal so hoch und bietet 90 000 Zuschauern Platz. Es verfügt über ein Schiebedach und einen charakteristischen, 133 m hohen Leuchtbogen, der inzwischen zum Wahrzeichen Londons geworden ist.

Gang durch den Tunnel →
Der Tunnel ist für die Profis mehr als nur ein Zugang zum Spielfeld. Hier bereiten sie sich innerlich auf das Spiel vor. Manche sind abergläubisch und bestehen auf stets den gleichen Platz in der Reihe.

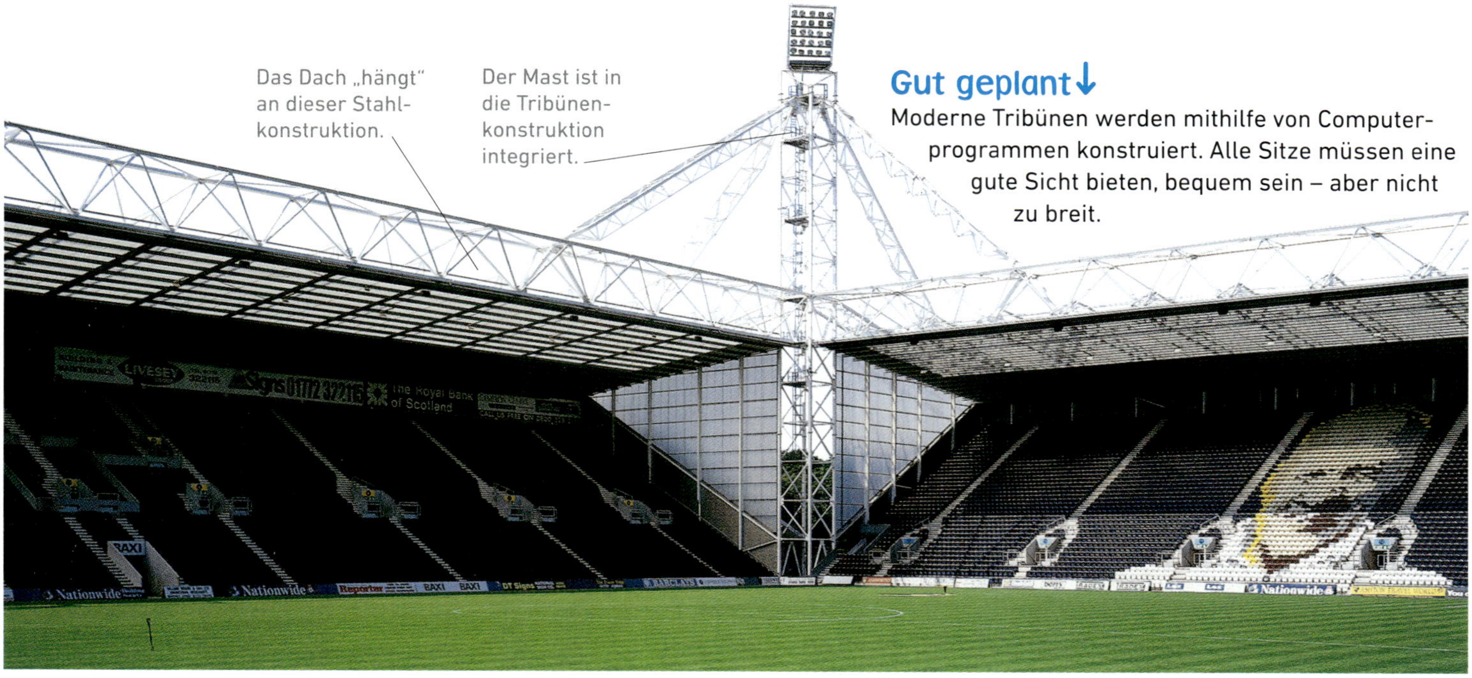

Gut geplant↓

Moderne Tribünen werden mithilfe von Computerprogrammen konstruiert. Alle Sitze müssen eine gute Sicht bieten, bequem sein – aber nicht zu breit.

←Stehplätze

Bevor Stadien mit Sitzplätzen eingerichtet wurden, mussten die Zuschauer auf den Tribünen stehen. Dafür hatten mehr Menschen Platz. Kinder wurden von hinten nach vorn über die Köpfe der Menge durchgereicht, damit sie auch etwas sehen konnten.

Überdacht↓

Das Stade de France in St. Denis im Norden von Paris wurde für die WM 1998 errichtet. 80 000 Zuschauer waren bei dem Eröffnungsspiel zwischen Brasilien und Schottland zugegen. Das auffällige Design des Stadions wurde viel gelobt. Die ovale Dachkonstruktion umschließt den Platz, ganz im Stil der antiken Amphitheater. Diese Bauweise ist in Europa und Südamerika allgemein beliebt.

Weltmeisterschaft

↑Maskottchen
Seit 1966 hat jede WM ihr Maskottchen: lebensgroß bei der Eröffnung und in allen Formaten als Spielzeug und Reklamefigur. Das hier ist Pique aus Mexiko (WM 1986).

Die Fußballweltmeisterschaft ist heute eines der wichtigsten Sportereignisse. Die erste WM fand 1930 in Uruguay statt. Reisen war noch mühsam, nicht alle geladenen Mannschaften konnten an den Austragungsort kommen. Aber je mehr Länder später teilnahmen, desto beliebter wurde die WM. Beim Finale 1950 im Maracanã-Stadion in Rio de Janeiro saßen 200 000 Zuschauer auf den Tribünen. 1958 wurde der Brasilianer Pelé bei der WM zum Superstar. Seither ist das weltweite Interesse an der WM immer weiter gewachsen.

↑Die erste WM
Nur vier europäische Teams traten gegen sieben südamerikanische Mannschaften an.

1930 – Uruguay. Durch den 4:2-Sieg gegen Argentinien gewann Gastgeber Uruguay die WM.

1934 – Italien. Die Tschechoslowakei verlor 2:1 gegen Italien.

1938 – Frankreich. Italien siegte 4:2 gegen Ungarn, nicht zuletzt durch Stürmer Meazza.

1950 – Brasilien. Uruguay schlug Brasilien 2:1 bei dieser ersten WM nach dem Zweiten Weltkrieg.

1954 – Schweiz. Deutschland siegte 3:2 in einem spannenden WM-Finale gegen Ungarn.

1958 – Schweden. Brasilien besiegte Schweden 5:2. Als einzige Elf spielte Brasilien in jeder WM-Endrunde mit.

1962 – Chile. Brasilien errang ein 3:1 gegen die Tschechoslowakei. Garrincha sprang für den verletzten Pelé ein.

1966 – England. Deutschland verlor in der Verlängerung 4:2 gegen Gastgeber England.

1970 – Mexiko. Brasilien schlug Italien 4:1 und bewies sich als beste Elf aller Zeiten.

1974 – Deutschland. Die Niederlande unterlagen Deutschland 2:1.

Gastgeber→
Viele Länder wollen eine WM ausrichten, da sie zahlreiche Besucher anzieht. 2022 ist Katar der nächste Gastgeber.

Argentinien 1978 – unvergesslich dank der Konfettiparade im River-Plate-Stadion.

1978 – Argentinien. Die Niederlande verloren gegen Argentinien mit 3:1.

1982 – Spanien. Italien schlug Deutschland mit 3:1.

Als erstes Land war Mexiko 2-mal Gastgeber der WM.

1986 – Mexiko. Deutschland unterlag Argentinien mit 3:2.

Das Maskottchen von Italien 1990 hieß Ciao.

1990 – Italien. Deutschland siegte mit 1:0 gegen Argentinien.

1994 – USA. Brasilien errang seinen 4. WM-Titel durch ein 3:2 gegen Italien.

1998 – Frankreich. Überraschend deutlich schlug der Gastgeber Brasilien 3:0.

Fortsetzung auf Seite 48

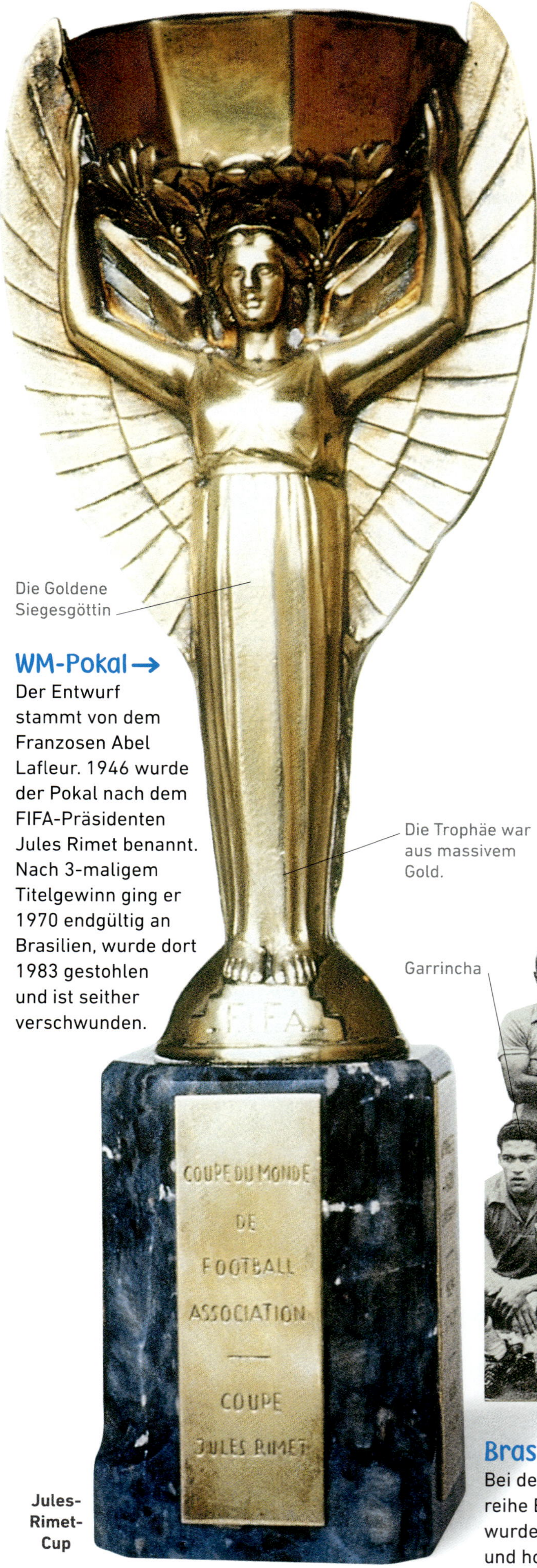

Die Goldene Siegesgöttin

Die Trophäe war aus massivem Gold.

Jules-Rimet-Cup

WM-Pokal →

Der Entwurf stammt von dem Franzosen Abel Lafleur. 1946 wurde der Pokal nach dem FIFA-Präsidenten Jules Rimet benannt. Nach 3-maligem Titelgewinn ging er 1970 endgültig an Brasilien, wurde dort 1983 gestohlen und ist seither verschwunden.

← Zum Nachlesen

WM-Programme enthalten Infos über die teilnehmenden Teams und werden in mehreren Sprachen herausgegeben. Diese hier stammen von den WMs in Schweden 1958, England 1966, Spanien 1982, Italien 1990 und USA 1994.

Didi

Pelé war 1958 erst 17 Jahre alt.

Garrincha

Vavá war Mittelstürmer.

Der Linksaußen Zagalo schoss das vierte Tor im Endspiel.

Brasilien ↑

Bei der WM-Endrunde 1958 war die Sturmreihe Brasiliens nicht zu stoppen. Mario Zagalo wurde später Trainer der Nationalmannschaft und holte mit ihr die WM-Titel 1970 und 1994.

Fortsetzung von Seite 47

← Wir brauchen die WM

Dies war das Poster für das WM-Turnier 1962 in Chile. Eine Reihe von Erdbeben ließ die Eignung des Austragungsorts fraglich erscheinen, aber der Präsident der chilenischen Fußballvereinigung Carlos Dittborn sagte: „Wir haben nichts, deshalb brauchen wir die WM." Und tatsächlich wurde die WM eine erfolgreiche Veranstaltung.

Die Löwen im englischen Wappen waren das Vorbild für World Cup Willie.

Geldbringer →

World Cup Willie war das erste WM-Maskottchen. Er wurde für die Endrunde 1966 in England geschaffen und symbolisiert die zunehmende Kommerzialisierung.

Der Globus krönt die Trophäe.

Die Trophäe wurde von dem Italiener Silvio Gazzaniga entworfen und ist aus massivem 18-karätigem Gold.

Die Trophäe ist 36,5 cm hoch und wiegt 6,175 kg.

Kopie des FIFA WM-Pokals

Neuer Pokal →

Der aktuelle Pokal wurde für die WM 1974 in Deutschland geschaffen. Da Brasilien die WM 3-mal gewonnen hatte, durfte es den Jules-Rimet-Cup behalten. Der neue Pokal wurde von der FIFA in Auftrag gegeben.

↑Positiv denken

WM-Sieger Argentinien mit Star Mario Kempes beeindruckte durch seine positive Einstellung.

←Amateure aus Amerika

Obwohl es in den USA noch nicht lange Profifußball gab, waren die USA 1994 Gastgeber der Endrunde. Bei den Spielen waren zahlreiche begeisterte Zuschauer zugegen. Hier eine Eintrittskarte für das Spiel Italien gegen Mexiko.

Informationsmaterial für Spanien 1982

Wappen der Fußballvereinigung Spaniens

Karten mit Stadionansichten

↑Bewerbung

Mehrere Jahre im Voraus bewirbt sich ein Land um die WM und versucht die FIFA davon zu überzeugen, dass es in der Lage ist, alles gut zu organisieren. Russland bekam den Zuschlag für die WM 2018 und Katar wird 2022 Gastgeber sein.

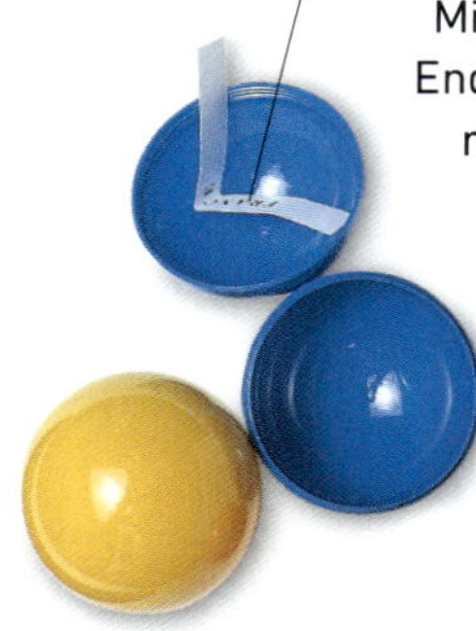

Jede Kugel enthält einen Papierstreifen mit dem Namen einer Mannschaft.

←Wer gegen wen?

Mit Plastikkugeln wird ausgelost, wer in der Endrunde gegen wen spielt. Die Zahl teilnehmender Mannschaften ist seit 1930 von 13 auf 32 angewachsen. Jedes Team tritt in den Gruppenspielen der Vorrunde zurzeit gegen drei Gegner an. Im weiteren Verlauf der WM werden die Spiele nach dem K.-o.-System ausgetragen, bis für das große Finale nur noch zwei Mannschaften übrig sind.

←Zidane sieht rot

Im Finale der WM 2006 in Deutschland verwies Schiedsrichter Orazio Elizondo den Franzosen Zinédine Zidane wegen eines Kopfstoßes gegen Marco Materazzi beim Spielstand von 1:1 vom Platz. Italien gewann das Finale im Elfmeterschießen.

Erste WM in Afrika→

Der ohrenbetäubende Lärm der Vuvuzelas prägte die WM 2010 in Südafrika. Zwar beteiligen sich afrikanische Mannschaften an WM-Turnieren schon seit 1970, aber Südafrika war das erste afrikanische Gastgeberland einer WM.

↑ Olympia
Abzeichen von der Olympiade 1956. Das erste offizielle olympische Fußballturnier fand 1908 statt.

Pokale

Wenn der Mannschaftskapitän den Pokal überreicht bekommt und ihn hochhält, um ihn den Fans zu präsentieren – das ist der Höhepunkt im Leben jedes Fußballers. Trophäen sind die Symbole des Erfolgs und die Manager moderner Vereine wissen, dass sie erfolgreich sein müssen, um im Geschäft zu bleiben. Das Bestreben, die Einnahmen zu vermehren, hat neue attraktive Wettbewerbe wie die Europa League und die Champions League hervorgebracht.

← Unglück
Seit 1956 wird der Wettbewerb um den Europapokal der Landesmeister ausgetragen (heute Champions League). Beim Endspiel 1985 im Heysel-Stadion in Brüssel starben 39 Zuschauer, als Fans in Panik gerieten.

Programm für das Finale im Europapokal der Landesmeister 1985

Eckfahnen als dekorative Elemente

Früher Pokal ↑
Diese versilberte Trophäe aus den 1870er-Jahren gehört zu den ältesten Fußballpokalen.

↑ Volle Ränge
Bei der Frauen-WM 1999 in den USA waren die Ränge voll besetzt. Hier erkämpft sich Cindy Parlow (USA) den Ball. Die USA gewannen zum zweiten Mal die WM.

Der vergoldete WM-Pokal der Frauen hat einen silbernen Fußball an der Spitze.

Triumphierend wird der Pokal hochgehalten.

WM der Frauen →
Die erste WM der Frauen fand 1991 in China statt. Beim Endspiel in Guangzhou siegten die USA mit 2:1 über Norwegen. Die Trophäe rechts erhielten die USA 1999. Deutschland wurde 2003 und 2007 Weltmeister.

← FA Cup

Der erste FA Cup (links) wurde in England auch „Kleiner Blechgötze" genannt. 1895 wurde er aus einer Geschäftsauslage gestohlen und nie wiedergefunden. Rechts der aktuelle Pokal der FA von 1911.

Der silberne Pokal für den Gewinner der Europa League (früher UEFA-Pokal) ist mit Fußball spielenden Figuren verziert.

Rings um den Fuß sind die Namen der bisherigen Sieger eingraviert.

↑ Afrikameisterschaft

Seit 1957 finden die Spiele um die Afrikameisterschaft alle 2 Jahre statt. Inzwischen nehmen 24 Mannschaften teil. Ägyptens Kapitän Ahmed Hassan hält hier nach dem 1:0-Sieg gegen Kamerun (2008) den Pokal in die Höhe.

Plaketten der Gewinner

Copa América →

Die Copa América ist das älteste größere internationale Turnier. Die erste Austragung gewann 1916 Uruguay, das, gefolgt von Argentinien, bei diesem Wettbewerb am häufigsten siegte. Seit 1987 findet dieses Fußballturnier alle 2 Jahre statt.

↑ Europäische Wettbewerbe

Der UEFA-Pokal hatte seinen Ursprung im Messepokal, der von 1955 bis 1971 ausgespielt wurde. 1971 übernahm die UEFA (Vereinigung Europäischer Fußballverbände) die Organisation. Seit der Europapokal der Pokalsieger 1999 abgeschafft wurde, gibt es für europäische Klubs nur noch die Champions League und die Europa League, die bis 2009 UEFA-Pokal hieß und wie die Champions League mit einer Gruppenphase startet.

Spiele zum Spiel

Generationen von Kindern hatten ihre ersten Kontakte zum Fußball durch Karten- und Brettspiele oder durch Tischfußball. Wegen der Beliebtheit des Fußballsports lassen sich neue Spiele und Produkte mit Fußballthemen glänzend verkaufen – besser als Spiele zu jeder anderen Sportart. Die einfachen Spielsachen der Vergangenheit stehen in einem starken Kontrast zu den schnellen und aufregenden neuen Konsolenspielen von heute.

Im Krieg↓

Englische Soldaten im Ersten Weltkrieg spielten dieses Spiel. Der Ball musste vorsichtig an den deutschen Generälen vorbeigerollt werden.

↑Kugelspiel

Durch Bewegen versuchte man die Kugel in eines der Löcher rollen zu lassen (England, frühes 20. Jh.).

↑Aus der Schachtel

Das wohl kleinste Fußballspiel der Welt (Japan, um 1930). Beim Öffnen der Schachtel springen die Spieler heraus.

Hier werden die Kugeln ins Feld geschossen.

Hier gibt es Punkteabzug.

Flipper→

Bei diesem Spiel aus den 1950er-Jahren werden Kugeln über das Spielbrett geschnellt. Wo sie in Löcher rollen, gibt es Punkte.

←Kickspiel

Die hier abgebildeten Männchen gehören zu einem Kickspiel, das um 1900 hergestellt wurde. Sie spielten auf einem Spielfeld aus grünem Stoff mit zwei Toren. Wenn man die Figuren nach unten drückt, schießen sie den Ball.

Tischfußball↑

Der Tischfußball, häufig auch als Tischkicker oder Kicker bezeichnet, wurde wahrscheinlich in den 1920er-Jahren in Westeuropa erfunden. Diese Mini-Variante des Tischfußballs findet auch in kleinen Kinderzimmern seinen Platz.

↑Schnippschnapp

Die Spieler drehen die verdeckten Karten um. Wenn zwei gleiche erscheinen, bekommt derjenige den Stapel, der zuerst „Schnippschnapp“ sagt.

↑Dribbler

Dieses Spielzeug zum Aufziehen wurde Anfang der 1950er-Jahre in Deutschland hergestellt. Wenn man den Fußballer aufgezogen hatte, bewegte er sich dribbelnd vorwärts.

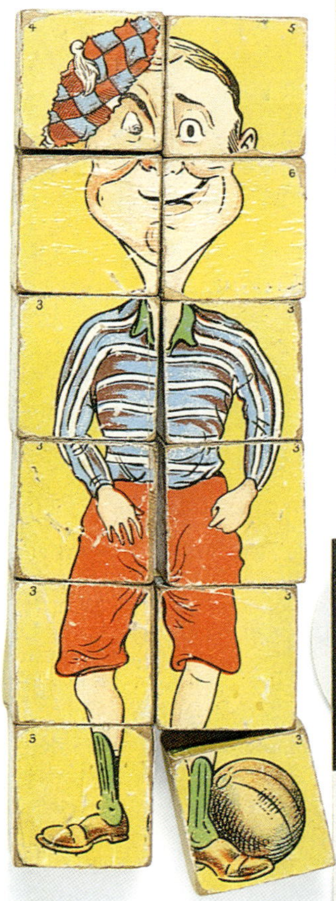

↑Bildwürfel

Mit den Würfelseiten wurden immer neue Figuren zusammengesetzt. Herstellungsjahr 1895.

←Brettspiel

Dieses englische Spiel namens Championship Soccer kam 1983 auf den Markt. Mithilfe von Würfel und Karten wurde der Ball über das Feld bewegt.

Die silberne Streichholzbox wirbt für den englischen Senfhersteller Colman's.

Erste Fanartikel

Überall auf der Welt hat der Fußball viele Anhänger. Daher eignet er sich sehr gut, um eine Vielzahl von Waren zu vermarkten. Bis in die 1950er-Jahre herrschte in der Werbung mit dem Fußball ein eigener, origineller Stil vor. Heute dagegen wird fast ausschließlich mit den Namen und Bildern großer Fußballstars und berühmter Klubs geworben.

Bank Top White Star

Sheffield Wednesday

National-mannschaft (Wales)

Chadderton

Hearts (Schottland)

Sammelkarten ↑

Diese Sammelkarten wurden um 1900 in England gedruckt – und gesammelt. Sie gehören mit zu den Vorläufern unserer modernen Sticker. Auf der Rückseite stehen Werbetexte.

Sportdose →

Um 1930 wurden Bilder mit Sportmotiven gern auf Gegenstände des alltäglichen Gebrauchs wie etwa Dosen aufgedruckt oder -geklebt.

Fußball hat weltweit 3,5 Milliarden Fans – 64 Prozent davon sind männlich und nur 36 Prozent weiblich.

FIFA-Logo für die WM in Italien 1990

↑ Souvenirs

Auch kleine Gebrauchsgegenstände wie solche Radiergummis werden gern mit nach Hause genommen.

↑ Fächer

Fußballbegeisterte Damen aus Barcelona fächelten sich damit in den 1950er-Jahren bei heißen Spielen Luft zu. Auf der Rückseite des Fächers befindet sich Werbung.

↑ Werbung

Hier hat der Hersteller eines italienischen Aperitifs sein Produkt in eine dynamische Fußballszene gestellt.

Dieses Etikett stammt von einem Fruchtsaftgetränk, das als ideale Erfrischung für die Halbzeit angepriesen wurde.

Fußball-Getränke →

Beide Getränke enthielten keine magischen Fußball-Zutaten. Das Wort „Fußball" im Produktnamen sollte nur den Absatz fördern.

Der Kunde soll glauben, dass der Genuss dieses Bieres Kraft und Ausdauer fördere, wie sie ein Fußballer besitzt.

Eisenbahn ↑

Der englische Spielzeughersteller Hornby brachte eine Serie von maßstabsgetreuen Modellen der London North Eastern Railway auf den Markt, die nach Fußballklubs benannt waren. Hier abgebildet ist der *Manchester United*. Auch richtige Züge heißen in England manchmal nach Klubs.

Sammelbüsten ↑

Eine britische Tankstellenkette ließ 1971 solche Miniaturbüsten englischer Fußballer herstellen.

↑ Uhren

Hier abgebildet sind eine Schweizer Taschenuhr aus Genf (um 1910), eine englische Taschenuhr aus den 1950er-Jahren und ein etwas modernerer Wecker.

Olympia-Uhr ↑

Diese deutsche Uhr aus Holz könnte als Andenken an die Berliner Olympiade von 1936 hergestellt worden sein, bei der Italien Österreich im Endspiel 2:1 schlug. Die Figuren bewegen sich zur vollen Stunde.

Fußball-Anhänger →

Auch Schmuckstücke können wie Fußballsymbole geformt sein. Hier hängen vier silberne Anhänger an einer Kette. Medaillon und Kompass entstanden um 1880.

↑ Sportseife

Anlässlich der WM 1966 in England hergestellter Fußball aus Seife.

↑ Aufgewickelt

Der kupferne Bindfadenbehälter in Fußballform (um 1880) sorgte für Ordnung.

← Schoko-Kicker

In die zweiteilige Hohlform wurde geschmolzene Schokolade gegossen. Der Fußballer aus Schokolade war ein Verkaufsschlager und vor allem bei Kindern beliebt.

Fußball als Geschäft

Der Fußball ist auch ein großes Geschäft: Die Fans besuchen die Spiele in Scharen, Fernsehrechte und Fanartikel werden weltweit vertrieben, Trainer, Funktionäre und Profis verdienen sehr viel Geld. Früher bot das Fußballspiel preiswerte Unterhaltung und die Aktiven konnten damit ihren Lebensunterhalt verdienen. Das hat sich heute grundlegend geändert – Spitzenspieler können in wenigen Jahren Millionäre werden.

↑Bestechung
Billy Meredith, der Träger dieses Nationaltrikots, wurde mit einigen Teamkollegen von Manchester City 1905 für ein Jahr gesperrt, weil sie angeblich den Kapitän von Aston Villa bestochen hatten. Dies war einer der ersten Fußballskandale.

Romário spielt hier im weißen Auswärtstrikot von Vasco da Gama.

Das Logo des Sponsors steht mitten auf dem Trikot.

Sogar die Schienbeinschützer unter den Stutzen tragen den Namenszug des Herstellers.

Lieblingstrikot→
Nachbildungen von Spielerhemden sind für die Klubs zu einer wichtigen Einnahmequelle geworden. Es gibt immer wieder neue Versionen davon. Die Vereine genehmigen auch den Verkauf Hunderter verschiedener Fanartikel in den Klubfarben.

↑Trikotwerbung
Schon seit den 1970er-Jahren zahlen Firmen für Trikotwerbung. Bis 2010 verweigerte sich der FC Barcelona als einziger großer Verein diesem Trend. Dann gestattete man die Werbung.

Trainerstress↑
Bei den großen Klubs gesteht man einem neuen Trainer nur wenige Monate zu, um eine Mannschaft aufzubauen. 2007 wurde Brasiliens Star Romário Spielertrainer von Vasco da Gama. Doch im Februar 2008 gab er dieses Amt schon wieder ab.

Stürmer wie Neymar können hohe Summen verlangen.

← Neymars Rekord

Heute wechseln Spieler ihre Klubs wegen der hohen Wechselprämien gern regelmäßig. In den letzten Jahren sind die Transfersummen geradezu explodiert und 2017 stellte der Brasilianer Neymar einen neuen Rekord auf. Als teuerster Spieler der Fußballgeschichte wechselte er von Barcelona zu Paris Saint-Germain – für unglaubliche 222 Mio. Euro.

↑ Werbeflächen

Reklame am und rund um den Fußballplatz gibt es schon sehr lange. Durch die Fernsehübertragungen wurden die Werbeflächen auch für multinationale Konzerne interessant. Einige Werbetafeln drehen sich regelmäßig und bieten so jeweils mehreren Firmennamen Platz. Bei manchen Fußballveranstaltungen, wie z. B. der Champions League, wird bei jedem Spiel für die gleichen Produkte geworben.

Yaya Touré von der Elfenbeinküste gewann mit Manchester City 2-mal den Titel der Premier League.

Abzeichen mit dem Emblem des AC Mailand

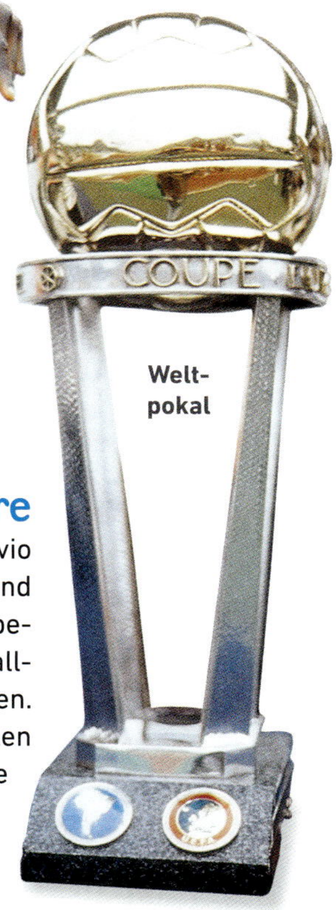

Weltpokal

International →

Politische und juristische Entwicklungen haben den Wechsel zu einem ausländischen Verein sehr erleichtert. Bürger der Europäischen Union dürfen in jedem EU-Land spielen, während Spieler aus anderen Ländern bestimmte Kriterien erfüllen müssen. Fußballer wie der ivorische Mittelfeldspieler Yaya Touré spielen heute meist in der englischen Premier League.

↑ Medienzare

Der italienische Medienzar Silvio Berlusconi kaufte den AC Mailand gerade, als das Fernsehen begann, sich noch stärker für Fußballübertragungen zu interessieren. Er steigerte die kommerziellen Einnahmen und holte ausländische Stars, bevor er 2016 den Klub an eine chinesische Investmentfirma verkaufte.

Europa gegen Südamerika ↑

Der Weltpokal wurde zwischen den Spitzenteams von Europa und Südamerika ausgespielt. Seit 2005 ersetzt die FIFA-Klub-Weltmeisterschaft den Weltpokal.

Forschungsthema Fußball

Jahrelang war der Fußball nicht Gegenstand wissenschaftlicher Untersuchungen. Trainer und Spieler verließen sich auf ihr Erfahrungswissen. Doch mit dem Fortschritt der Technik wurden wissenschaftliche Methoden entwickelt, um den Fußball zu verbessern. Man veränderte die Ernährung der Profis, Physiker untersuchten die Ballbehandlung und Informatiker erstellten statistische Analysen des Spiels.

↑ Vorurteile

Frauen hatten gegen Vorurteile zu kämpfen, weil sie angeblich für das Spiel physisch nicht geeignet seien. Doch sie haben genauso viel Ballgefühl und Geschick wie Männer, wie die Brasilianerin Milene Dominguez hier zeigt.

← Isotonische Getränke

Fußballer verlieren in einem Spiel bis zu 3 l Wasser. Sie müssen daher während und nach dem Spiel ihrem Körper Wasser und Mineralien zuführen. Am effektivsten geschieht dies durch isotonische Getränke, die geringe Mengen Salze und Zucker enthalten. Sie gleichen auch den Kalorienhaushalt des Spielers aus.

Spieler beim Training der Abduktorenmuskeln

↑ Muskeltraining

Die Spieler betreiben heute ein Warm-up und ein Cool-down, um Muskelzerrungen zu vermeiden. Sie trainieren einzelne Muskelgruppen, um die vielfältigen Bewegungen in einem Spiel bewältigen zu können.

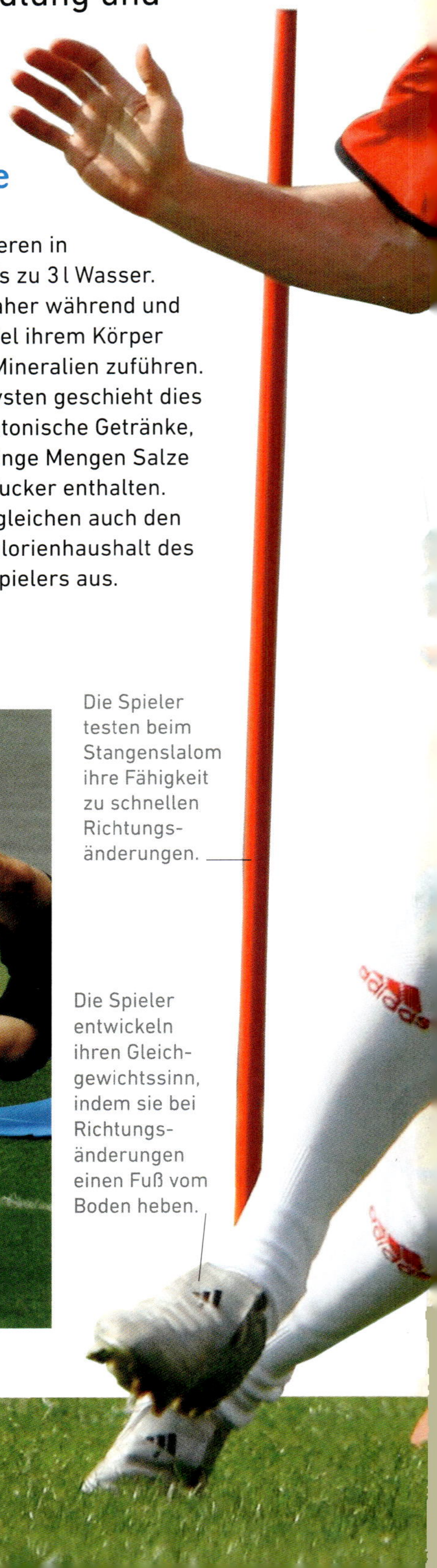

Die Spieler testen beim Stangenslalom ihre Fähigkeit zu schnellen Richtungsänderungen.

Die Spieler entwickeln ihren Gleichgewichtssinn, indem sie bei Richtungsänderungen einen Fuß vom Boden heben.

Die Beinmuskeln eines Spielers müssen lernen rasch zwischen Entspannung und Anspannung zu wechseln.

← Fitness

Die deutsche Nationalmannschaft wurde vor der WM 2006 auf Herz und Nieren geprüft und ihre Fitness in solchen Trainingseinheiten überwacht und erfasst.

Die Kamera überträgt die Aufnahmen an einen Computer, der feststellt, ob der Ball die Torlinie passiert hat.

Torlinientechnologie ↑

Hat der Ball die Linie in vollem Umfang überquert? Darüber diskutieren Schiedsrichter, Spieler und Fans immer wieder leidenschaftlich. Mit neuen Techniken wie superschnellen Kameras wird heute die Ballbewegung im Torraum verfolgt.

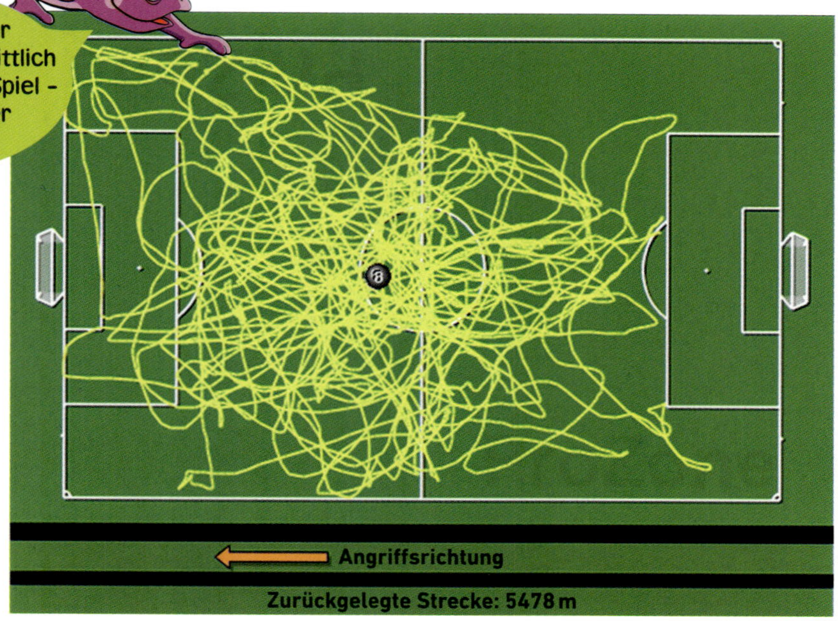

↑ Prozone

Eine Software wie Prozone erfasst die Bewegungen von Spielern in einem Spiel, gibt Spielabschnitte in animierter Form wieder und liefert sehr detaillierte Statistiken. Hier sind die Bewegungen eines zentralen Mittelfeldspielers während einer Halbzeit zu sehen. Der Punkt in der Mitte zeigt seine durchschnittliche Position auf dem Spielfeld an.

← Signalflaggen

Schiedsrichterassistenten haben heute Signalflaggen. Durch einen Druck auf den Knopf am Flaggengriff können sie den Schiedsrichter alarmieren. Dann vibriert oder piepst der Empfänger am Arm des Schiedsrichters.

Flagge mit Signalknopf

Wusstest du das?

Erstaunliche Fakten

3-Minuten-Ei

- Im Schnitt hat jeder Spieler in einem Spiel den Ball nur drei Minuten – so lange, wie ein weiches Ei braucht.

- 1965 wurden erstmals Ersatzspieler zugelassen, aber nur wenn ein Spieler verletzt war. Ersatzspieler bei einer WM gab es erst 1970.

- Im Finale der WM 1930 trug der Schiedsrichter Hemd, Krawatte, Jackett und Knickerbocker.

- Johan Cruyffs Mutter war Reinigungskraft bei Ajax Amsterdam. Als sie den Klub überredete, es mit ihrem 10-jährigen Sohn zu versuchen, verpflichtete man ihn als Jugendspieler. Später wurde er ein internationaler Fußballstar.

- Das Tornetz wurde 1892 obligatorisch. Der Querbalken wurde 1875 eingeführt.

- Die ersten Teams in Trikots mit Nummern traten 1933 in einem FA-Cup-Finale an. Everton trug die Nummern 1 bis 11, Manchester City 12 bis 22.

- Von den Spielern, die die WM 1958 für Brasilien gewannen, gehörten acht dem Team an, das den Titel 1962 verteidigte.

- In den bislang 21 WM-Endspielen wurden nur acht verschiedene Länder Weltmeister.

- Pelé erzielte in seiner Karriere 1283 Tore.

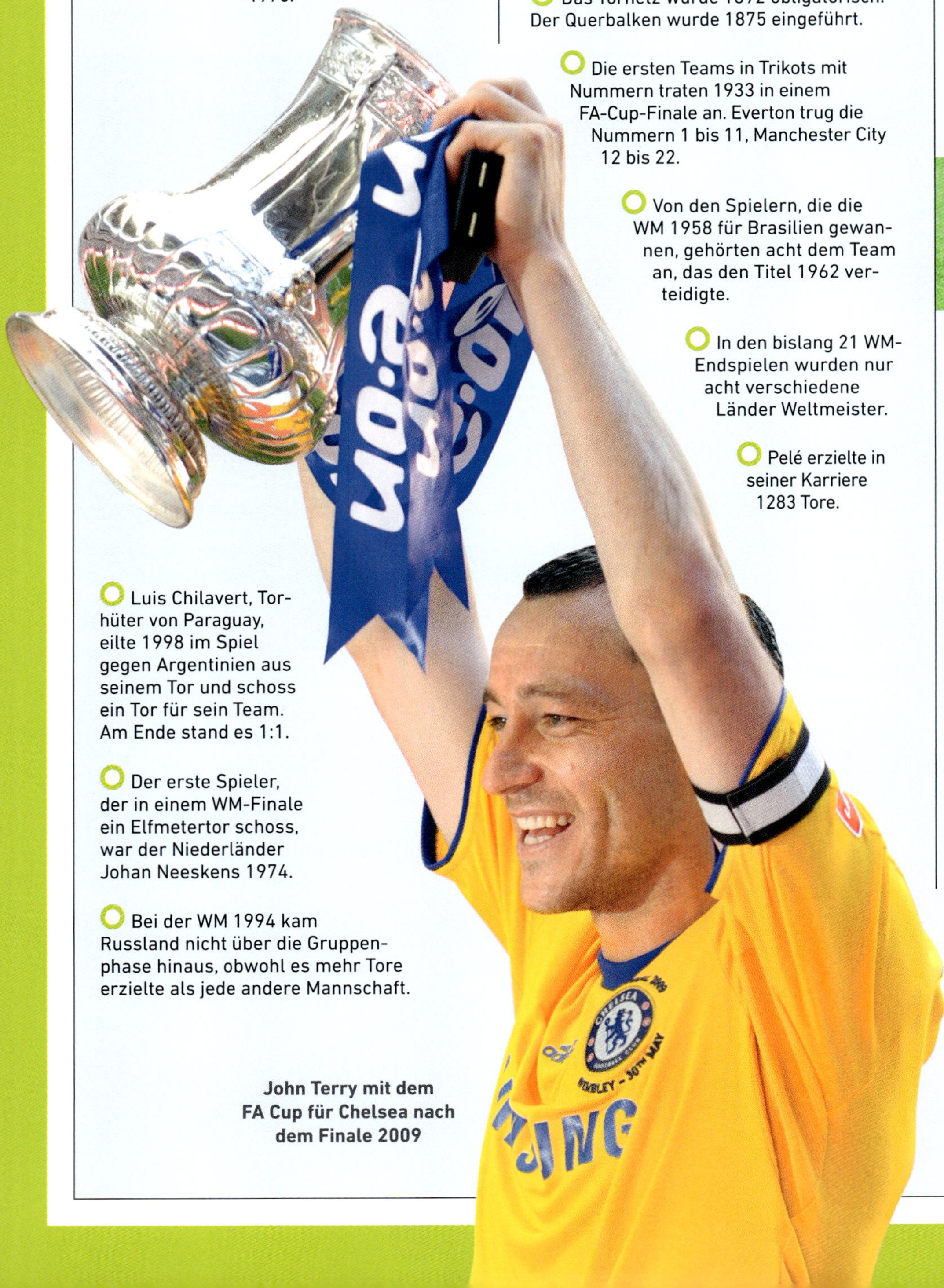

John Terry mit dem FA Cup für Chelsea nach dem Finale 2009

- Luis Chilavert, Torhüter von Paraguay, eilte 1998 im Spiel gegen Argentinien aus seinem Tor und schoss ein Tor für sein Team. Am Ende stand es 1:1.

- Der erste Spieler, der in einem WM-Finale ein Elfmetertor schoss, war der Niederländer Johan Neeskens 1974.

- Bei der WM 1994 kam Russland nicht über die Gruppenphase hinaus, obwohl es mehr Tore erzielte als jede andere Mannschaft.

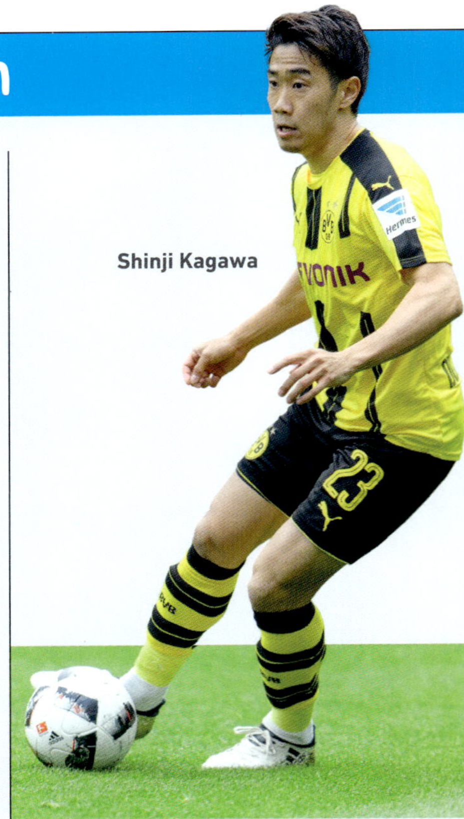

Shinji Kagawa

- Der englische FA Cup ist der älteste Fußballwettbewerb. Den höchsten Sieg gab es am 15. Oktober 1887, als Preston North End in der ersten Runde Hyde United 26:0 schlug. Bei Halbzeit stand es 12:0, nach 90 Minuten 25:0. Das letzte Tor fiel in der 5-minütigen Nachspielzeit.

- Die Hälfte der registrierten Fußballer der Welt stammt aus Asien. Japans Mittelfeldspieler Shinji Kagawa ist einer der asiatischen Stars, die in Europa spielen.

- Nachdem Brasilien im WM-Finale 1970 Italien 4:1 besiegt hatte, verfolgten die Reporter Pelé bis in die Garderobe und interviewten ihn, während er sich duschte.

- Uruguay ist mit 3 Mio. Einwohnern das kleinste Land, das eine WM gewann.

- Das erste Länderspiel, bei dem ein Team zwölf Spieler hatte, gab es 1952 zwischen Frankreich und Nordirland. Ein Franzose wurde verletzt ausgewechselt, spielte aber nach kurzer Behandlung weiter. Erst zur Halbzeit wurde der Fehler bemerkt.

- Zwei Brüderpaare, John und Mel Charles sowie Len und Ivor Allchurch, spielten im walisischen Team, das Nordirland 1955 3:2 besiegte. John Charles erzielte einen Hattrick.

Fragen und Antworten

Wie viele Frauen spielen in Deutschland Fußball?

Der Frauenfußball erfreut sich in Deutschland immer größerer Beliebtheit. 2011 zählte der DFB schon über 1 Mio. weibliche Mitglieder. Die deutsche Fußballnationalmannschaft der Frauen gehört mit zwei Weltmeistertiteln und acht gewonnenen Europameisterschaften zu den erfolgreichsten Nationalteams der Welt.

Warum fand die erste WM in Uruguay statt?

Uruguay wurde Gastgeberland der ersten WM 1930, als Ungarn, Italien, die Niederlande, Spanien und Schweden ihre Bewerbung zurückzogen.

Waren Fußbälle früher schwerer als heute?

Irrtümlicherweise wird behauptet, Fußbälle wären früher schwerer als heute gewesen. Sie hatten praktisch das gleiche Gewicht, doch die Hülle heutiger Fußbälle saugt keine Feuchtigkeit auf. Vor dieser Neuerung nahmen Fußbälle Wasser auf und an feuchten Tagen konnte der Ball doppelt so schwer werden – und bis zu 1 kg wiegen.

Simone Laudehr aus der deutschen Nationalmannschaft

Lederfußball

Wann gab es erstmals Flutlicht?

Das erste Spiel unter künstlicher Beleuchtung fand 1878 in Bramall Lane in Sheffield statt. Die auf Gerüsten montierten Lampen bekamen ihren Strom durch Dynamos.

Wann gab es das erste offizielle Frauenfußballspiel?

Nettie Honeyball, Sekretärin des British Ladies Football Club, organisierte das erste Frauenfußballspiel 1895.

Wann wurde es Frauen verboten, auf dem Gelände deutscher Klubs zu spielen?

Obwohl der Weltmeistertitel der Männer von 1954 dem Frauenfußball mehr Zulauf brachte, verbot der DFB den Vereinen, Frauenmannschaften Plätze zur Verfügung zu stellen. Dieses Verbot wurde erst 1970 aufgehoben.

Welches Land verlor als Erstes bei einer WM im Elfmeterschießen?

Das Elfmeterschießen wurde bei der WM 1982 eingeführt und im Halbfinale besiegte Deutschland Frankreich.

Wer spielt Fußball bei den Olympischen Spielen?

Bei der Olympiade spielen die Fußballnationalmannschaften der Frauen, bei den Männern aber nur die U-23-Nationalmannschaften.

Warum hat es vier verschiedene FA-Cup-Pokale gegeben?

Der erste Pokal wurde nach Aston Villas Sieg 1895 aus dem Schaufenster eines Sportgeschäfts in Birmingham gestohlen, also wurde ein zweiter Pokal angefertigt. Als Manchester United den FA Cup 1909 gewann, stellten sie eine Kopie dieses zweiten Pokals für einen Direktor her. Daraufhin zog die FA diesen Pokal ein und fertigte einen dritten Pokal an, der jedoch durch jahrelangen Gebrauch beschädigt und 1991 durch eine exakte Kopie ersetzt wurde.

Stimmt es, dass im Ersten Weltkrieg zu Weihnachten 1914 ein Fußballspiel an der Front ausgetragen wurde?

In einem in der Londoner Times veröffentlichten Brief erklärt ein deutscher Leutnant, zu Weihnachten 1914 sei im Rahmen des kurzzeitigen Waffenstillstands im Niemandsland zwischen den deutschen und britischen Schützengräben an der französischen Nordwestfront ein Fußballspiel ausgetragen worden, das die Deutschen 3:2 gewonnen hätten. Allerdings lässt sich der Wahrheitsgehalt dieser schönen Geschichte heute nicht mehr überprüfen. Der Film *Merry Christmas* beruht auf diesen Ereignissen.

Radiomikrofon

Rekordhalter

- Brasilien ist das einzige Land, das an jeder WM-Endrunde teilnahm.
- Der älteste Fußballklub der Welt ist der Sheffield FC. Er wurde 1857 gegründet und hat immer nur in der Amateurliga gespielt.
- Lew Jaschin (Russland) ist der einzige Torhüter, der bislang Europas Fußballer des Jahres wurde (1963).
- 1999 schrieb Manchester United Geschichte, als es als erstes englisches Team das Triple aus Premier League, FA Cup und Champions League gewann.
- Real Madrid hat bislang die Champions League 13-mal gewonnen.
- Stanley Matthews wurde 1957 bei seinem 84. internationalen Einsatz mit 42 Jahren der älteste Fußballer, der für England spielte. Er spielte Ligafußball, bis er 50 Jahre alt war.

Sammelkarte Stanley Matthews

Beste Spieler aller Zeiten

Fußball ist ein Spiel voller Tempo und technischer Raffinessen und es gibt viele herausragende Fußballspieler. Dank internationaler Wettbewerbe wie der FIFA-Weltmeisterschaft, ausgiebiger Berichterstattung in den Medien und einem Transfersystem, das Spielern erlaubt für Klubs in anderen Ländern zu spielen, können sich Fußballer aus aller Welt einen Namen machen. Auch manche Schiedsrichter genießen weltweit Ansehen. Hier einige der weltbesten Spieler von einst und heute.

Pierluigi Collina, italienischer Schiedsrichter

Torhüter

Sepp Maier, Deutschland (geb. 1944)
Der Höhepunkt seiner Karriere war das Jahr 1974, als er mit Bayern München den Europapokal der Landesmeister gewann und mit Deutschland Weltmeister wurde. Er spielte insgesamt 19 Jahre für Bayern München.

Peter Shilton, England (geb. 1949)
Der für seine Fitness und seinen Perfektionismus berühmte Shilton gab sein Debüt für England mit 20 Jahren. Während der nächsten 21 Jahre spielte er 125-mal für sein Land.

Peter Schmeichel, Dänemark (geb. 1963)
Er wechselte 1991 zu Manchester United, wo er fünf Liga-Titel und zwei FA Cups gewann. Typisch für Schmeichel war es, dass er mit ausgebreiteten Armen und gespreizten Beinen auf die Stürmer zusprang.

Gianluigi Buffon, Italien (geb. 1978)
Buffon, der die WM 2006 mit Italien gewann, war einer der führenden Torhüter seiner Generation. 2001 holte Juventus ihn für 54,1 Millionen Euro und damit war er der teuerste Torwart der Welt.

Iker Casillas, Spanien (geb. 1981)
Casillas feierte sein Debüt 1999 mit 17 Jahren bei Real Madrid, wo er bis 2015 blieb. Dann wechselte er zu Porto. Er gewann mit Spanien die WM 2010 sowie die EM 2008 und 2012.

Iker Casillas

Verteidiger

Paolo Maldini

Paolo Maldini, Italien (geb. 1968)
Als einer der besten Abwehrspieler der Welt war Maldini auch Kapitän von AC Mailand und Italien. Er spielte über 120-mal für sein Land.

Marcel Desailly, Frankreich (geb. 1968)
Der in Accra geborene Ghanaer kam als Kind nach Frankreich. 1993 und 1994 gewann er die Champions League, erst mit Marseille und dann mit AC Mailand. Desailly spielte eine wichtige Rolle für die französische Nationalmannschaft, als sie die WM 1998 und die EM 2000 gewann.

Paul Breitner, Deutschland (geb. 1951)
Der abenteuerlustige Verteidiger von Bayern München wurde nach seinem Wechsel zu Real Madrid Mittelfeldspieler. 1974 wurde er im eigenen Land Weltmeister. 2004 setzte Pelé ihn auf die Liste der 125 besten noch lebenden Fußballer.

Roberto Carlos da Silva, Brasilien (geb. 1973)
Der für seine Freistöße berühmte und gefürchtete Roberto Carlos kam nach der WM 1994 in die brasilianische Nationalmannschaft, mit der er 1998 Zweiter und 2002 Weltmeister wurde. 1996 ging er zu Real Madrid, wo er in seiner ersten Saison Meister wurde und in seiner zweiten die Champions League gewann.

Sergio Ramos, Spanien (geb. 1986)
Als Weltmeister 2010 und als zweimaliger Europameister tritt Ramos von Real Madrid stets für Spanien an, seit er 2005 für die Nationalmannschaft debütierte.

Franco Baresi, Italien (geb. 1960)
Als weltbester Libero in den 1980er- und 1990er-Jahren brachte Baresi den Ball nach vorn und beteiligte sich am Angriff. 1997 trat er zurück, nachdem er in seiner 20-jährigen Karriere 716-mal für AC Mailand gespielt hatte.

Bobby Moore

Bobby Moore, England (1941–1993)
Der begabte Verteidiger und exzellente Kapitän Bobby Moore führte England bei der WM 1966 zum Sieg. Er spielte 108-mal für England und versäumte zwischen 1962 und 1972 nur zehn Spiele.

Fabio Cannavaro, Italien (geb. 1973)
Der nach heutigen Maßstäben kleine Cannavaro war ein hartnäckiger Innenverteidiger. Er war Italiens Kapitän beim WM-Sieg 2006 und wurde im selben Jahr zum Weltfußballer des Jahres ernannt.

Mittelfeldspieler

Luís Filipe Madeira Caeiro Figo, Portugal (geb. 1972)
Figo wurde mit Portugal bei der U-17-WM 1989 Dritter und 1991 Juniorenweltmeister. 1995 wurde er mit Sporting Lissabon portugiesischer Pokalsieger und wechselte zu Barcelona, wo er als Kapitän 1998 spanischer Meister wurde, bevor er zu Real Madrid ging.

Xavi, Spanien (geb. 1980)
Der für seine präzisen Pässe berühmte intelligente Mittelfeldspieler Xavi war Spielmacher von Barcelona wie von Spanien. Er verhalf dem Klub zu vier Champions-League-Titeln und seinem Land zum Gewinn der WM 2010.

Andrea Pirlo, Italien (geb. 1979)
Dank seiner genialen Pässe feierte Pirlo viele nationale wie internationale Erfolge. Er gewann die Champions League mit AC Mailand 2003 und 2007 sowie die WM 2006 mit Italien.

Andrea Pirlo

Frank Rijkaard, Niederlande (geb. 1962)
Rijkaard debütierte mit 19 Jahren für die Niederlande. Der vielseitige Fußballer spielte für den AC Mailand im Mittelfeld, für die Niederlande in der zentralen Abwehr. Er war für Klubs in den Niederlanden, in Portugal, Spanien und Italien aktiv.

Luis Suárez, Spanien (geb. 1935)
Als einer der bedeutendsten Spieler Spaniens beherrschte Suárez Barcelonas Mittelfeld in den 1950er-Jahren und war eine Schlüsselfigur bei den Erfolgen von Inter Mailand in den 1960er-Jahren.

Andrés Iniesta, Spanien (geb. 1984)
Aus dem Internat des FC Barcelona hervorgegangen, erwies sich Iniesta mit seinen Pässen und Torschüssen als kompletter offensiver Mittelfeldspieler. Er gewann mit Barcelona vier Champions-League-Titel und wurde mit Spanien 2-mal Europameister und 1-mal Weltmeister.

Sócrates, Brasilien (1954–2011)
Der elegante Fußballer schlug exzellente Pässe und erzielte fantastische Tore. Er studierte Medizin, bevor er Profi wurde, und war nach seiner Karriere als Arzt tätig.

Sócrates

Lothar Matthäus, Deutschland (geb. 1961)
Mit 150 Länderspielen und fünf Weltmeisterschaftsteilnahmen ist Matthäus deutscher Rekordnationalspieler. 1990 führte er als Kapitän die Nationalmannschaft zum WM-Titel. Er war 2-mal Weltfußballer des Jahres (1990, 1991), 1990 gleichzeitig sogar Deutschlands und Europas Fußballer des Jahres. Mit Bayern München wurde er 7-mal deutscher Meister. Außerdem spielte er für die Vereine Borussia Mönchengladbach und Inter Mailand.

Stürmer

Roberto Baggio, Italien (geb. 1967)
Der begabte Torjäger Baggio gewann 1993 mit Juventus Turin den UEFA-Cup und wurde 1995 Meister. 1993 war er Weltfußballer des Jahres und zugleich Europas Fußballer des Jahres.

George Best, Nordirland (1946–2005)
Der hochbegabte Fußballer hatte ein geniales Ballgefühl und eine exzellente Balance. 1968 war er Europas Fußballer des Jahres. Vielleicht hätte er noch länger auf höchstem Level spielen können, wäre sein Klub Manchester United weiter erfolgreich geblieben.

Kenny Dalglish, Schottland (geb. 1951)
Dalglish war wohl Schottlands größter Spieler aller Zeiten. Er besaß eine exzellente Ballkontrolle und riss mit seinen genauen Pässen jede Abwehr auf.

Thierry Henry, Frankreich (geb. 1977)
Eine fantastische Ballkontrolle, unglaubliches Tempo und ein präziser Abschluss zeichneten ihn aus. Er war Frankreichs Toptorjäger, als es die WM 1998 gewann.

George Best

Romário, Brasilien (geb. 1966)
Als erfolgreicher Torjäger bei Klubs wie PSV Eindhoven und Barcelona zeichnete sich Romário auch international aus. Dank seiner Tore gewann Brasilien 1994 erstmals seit 1970 eine WM. 1994 war er Weltfußballer des Jahres.

Ronaldo Luis Nazario, Brasilien (geb. 1976)
Ronaldo erzielte sein erstes Tor für Brasilien mit 16 Jahren. Mit seinem Tempo und Geschick konnte er fast jede Abwehr ausspielen. 1996, 1997 und 2002 war der zweifache Weltmeister Weltfußballer des Jahres.

Arthur Friedenreich, Brasilien (1892–1969)
Unter seinem Spitznamen „Der Tiger“ war Friedenreich der erste Superstar des brasilianischen Fußballs. Mit Tempo, Kraft und magischem Ballgefühl spielte der Stürmer 1914 bei Brasiliens erstem internationalen Auftreten mit und erzielte 1919 den Siegtreffer im Finale der Copa America gegen Urguay – dem ersten internationalen Triumph Brasiliens.

Marco van Basten

Marco van Basten, Niederlande (geb. 1964)
Der geniale Torjäger war 3-mal Weltfußballer des Jahres, gewann 2-mal den Europapokal der Landesmeister mit dem AC Mailand und mit den Niederlanden die Europameisterschaft 1988.

Josef Bican, Österreich/Tschechoslowakei (1913–2001)
Der Stürmer Bican spielte vor dem Zweiten Weltkrieg für das österreichische „Wunderteam“, danach für die Tschechoslowakei. Doch einen Namen machte er sich als Klubspieler: In seiner 27-jährigen Karriere erzielte er 518 Ligatore – mehr als jeder andere Spieler in der Geschichte.

WM-Wunder

Seit der ersten WM 1930 hat sich der Wettbewerb unglaublich entwickelt. Das Finale 2018 verfolgten weltweit 1,1 Milliarden Menschen. In der bunten Geschichte der WM gibt es viele Supertorjäger, denkwürdige Augenblicke und Anekdoten.

Torrekorde

- Das höchste Ergebnis gab es bei der WM 1982, als Ungarn El Salvador 10:1 besiegte.
- Die meisten Tore in einem WM-Qualifikationsspiel gab es am 11. April 2001, als Australien Amerikanisch-Samoa 31:0 schlug.

Jubel-K.-o.

Bei der WM 1958 erzielte der Brasilianer Vavá ein Tor gegen die Sowjetunion. Er wurde danach so stürmisch gefeiert, dass er ärztlich behandelt werden musste.

Weltmeister

Nur acht Länder wurden bisher Weltmeister:

Brasilien	1958, 1962, 1970, 1994, 2002
Italien	1934, 1938, 1982, 2006
Deutschland	1954, 1974, 1990, 2014
Argentinien	1978, 1986
Frankreich	1998, 2018
Uruguay	1930, 1950
England	1966
Spanien	2010

Die besten Torschützen

Brasiliens Ronaldo

Miroslav Klose (Deutschland)
16 Tore (2002–2014)

Ronaldo (Brasilien)
15 Tore (1994–2006)

Gerd Müller (Deutschland)
14 Tore (1966–1974)

Just Fontaine (Frankreich)
13 Tore (1958)

Pelé (Brasilien)
12 Tore (1958–1970)

Jürgen Klinsmann (Deutschland)
11 Tore (1990–1998)

Sandor Kocsis (Ungarn)
11 Tore (1954)

Hattrick-Himmel

Als Brasilien und Polen bei der WM 1938 gegeneinander spielten, erzielte Leónidas da Silva für Brasilien drei Tore. Der Pole Ernst Willimowski überbot ihn noch mit einem Hattrick und einem vierten Treffer.

Jüngster Spieler
Edu aus Brasilien war 16 Jahre, 11 Monate und 6 Tage alt, als er bei der WM 1966 mitspielte.

Ältester Spieler
Essam El-Hadary aus Ägypten war 45, als er bei der WM 2018 mitspielte.

Schnellste Tore nach Anstoß

Hakan Sükür	Türkei – Südkorea 2002	11 Sekunden
Vaclav Masek	Tschechoslowakei – Mexiko 1962	15 Sekunden
Ernst Lehner	Deutschland – Österreich 1934	25 Sekunden
Bryan Robson	England – Frankreich 1982	28 Sekunden
Clint Dempsey	USA – Ghana 2014	29 Sekunden

Indien verzichtete auf die Teilnahme an der WM 1950, weil alle Spieler Schuhe tragen mussten.

Pokale

Neuer Pokal
Der derzeitige WM-Pokal wurde erstmals 1974 verliehen. Auf der Unterseite des Sockels werden Jahr und Name des Siegers eingraviert. 2038 wird ein neuer Pokal benötigt, da es dann keinen Platz mehr für neue Daten und Namen geben wird. Der Pokal ist aus 18-karätigem Gold. Er ist 36,5 cm hoch und wiegt 6,175 kg.

Alter Pokal
Die ursprüngliche Trophäe hieß Jules-Rimet-Pokal, zu Ehren des ehemaligen FIFA-Präsidenten (1921–1954). Der Franzose trug entscheidend dazu bei, den Fußball weltweit zu verbreiten und die erste WM 1930 zu veranstalten. Der Pokal wurde 2-mal gestohlen. Den ersten Diebstahl gab es 1966 in England, doch ein Hund namens Pickles entdeckte die Trophäe später. Erneut wurde sie 1983 in Rio de Janeiro gestohlen und nie mehr gefunden. Vermutlich wurde sie eingeschmolzen.

↑ Weltweites Publikum

Die WM hat neben den Olympischen Spielen die meisten Fernsehzuschauer weltweit und wird in Privathaushalten, auf öffentlichen Plätzen und in Stadien, und sogar auf dem Handy verfolgt. Die WM 2014 in Brasilien wurde in jedes Land der Welt übertragen. Das Finale sahen etwa eine Milliarde Menschen weltweit.

Torhagel
Die deutsche Elf schoss bei der WM 2014 im Halbfinale gegen Gastgeber Brasilien in nur 29 Minuten fünf Tore. Sie gewann das Spiel mit 7:1 – keine Mannschaft erzielte mehr Tore in einem WM-Halbfinale. Die deutsche Mannschaft besiegte im Endspiel auch Argentinien und wurde zum 4. Mal Weltmeister.

Italien holt den WM-Pokal 2006.

Stadien

- Das Finale der ersten WM 1930 in Uruguay fand im Estadio Centenario in Montevideo statt. Damals hatte es eine Kapazität von knapp 100 000 Zuschauern.
- Das Finale der WM 2014 wurde im Estádio do Maracanã in Rio de Janeiro ausgetragen. Als eines der bekanntesten Stadien im Weltfußball wurde das Maracanã für die WM 1950 erbaut. Es soll einmal 200 000 Zuschauern Platz geboten haben. Heute hat es eine Kapazität von 78 000 Plätzen.
- Die WM 2018 fand in zwölf Stadien in ganz Russland statt, von St. Petersburg im Norden des Landes bis zum 2350 km entfernten Sotschi im Süden. Die Kapazität der zwölf russischen Stadien reicht von 42 000 bis zu 81 000 Zuschauern. Das Eröffnungsspiel und das Finale fanden im Olympiastadion Luschniki in Moskau statt, der größten Spielstätte.

Maracanã-Stadion in Rio de Janeiro

Trickreich

Die WM 1998 erlebte die Einführung eines neuen Fußballtricks durch den Mexikaner Cuauhtémoc Blanco. Er klemmte sich den Ball zwischen die Füße und sprang damit zwischen den Abwehrspielern hindurch. Der „Cuauhtemiña“ war geboren.

Fußballnationen

Weltweit wird Fußball auf Straßen und Sportplätzen, in Parks und an Stränden gespielt. Die begabtesten Spieler nehmen mit der Nationalelf an den großen Turnieren teil. Und die Fans träumen davon, dass ihr Team einmal Weltmeister wird.

ARGENTINIEN

Dieses südamerikanische Land hat eine bewegte Fußballgeschichte mit denkwürdigen Momenten, fanatischen Fans und zahlreichen Trophäen.

Asociación del Futbol Argentino: gegründet 1893
Spitznamen: Los Albicelestes (Die Weiß-Himmelblauen), Los Gauchos
Toptorjäger: Lionel Messi 65 (seit 2005)
Meiste Einsätze: Javier Mascherano 147 (seit 2003)
Erfolge: WM 1978, 1986; Copa América 1921, 1925, 1927, 1929, 1937, 1941, 1945, 1946, 1947, 1955, 1957, 1959 (Jeder-gegen-jeden-Turnier), 1991 (Jeder gegen jeden, Finalrunde von vier Teams), 1993; Olympische Spiele 2004, 2008

AUSTRALIEN

Fußball zählt nicht zu den vielen Sportarten, in denen Australien dominiert. Nach Erfolgsjahren in Ozeanien trat das Land 2006 der stärkeren Asian Football Confederation bei.

Football Federation Australia: gegründet 1961
Spitzname: Socceroos
Toptorjäger: Tim Cahill 50 (seit 2004)
Meiste Einsätze: Mark Schwarzer 109 (1993–2013)
Erfolge: Oceania Football Confederation (OFC) Nations Cup 1980, 1996, 2000, 2004, Asienmeisterschaft 2015

BRASILIEN

Die erfolgreichste Fußballnation ist fünffacher Rekordweltmeister und kann eine lange Liste legendärer Fußballspieler vorweisen.

Confederação de Futebol: gegründet 1914
Spitzname: Seleção (Auswahl)
Toptorjäger: Pelé 77 (1957–1971)
Meiste Einsätze: Cafu 142 (1990–2006)
Erfolge: WM 1958, 1962, 1970, 1994, 2002; Copa América 1919, 1922, 1949, 1989, 1997, 1999, 2004, 2007; Confederations Cup 1997, 2005, 2009, 2013

DÄNEMARK

Während das Land viele gute Spieler hervorgebracht hat, wartet die Nationalmannschaft noch auf anhaltende Erfolge. Höhepunkt war die EM 1992, als Dänemark überraschend im Finale Deutschland besiegte.

Dansk Boldspil Union: gegründet 1889
Spitzname: Danish Dynamite
Toptorjäger: Poul „Tist" Nielsen (1910–1925) und Jon Dahl Tomasson (1997–2010) je 52
Meiste Einsätze: Peter Schmeichel 129 (1987–2001)
Erfolge: EM 1992; Confederations Cup 1995

ENGLAND

England gilt als Begründer des modernen Fußballs. Seine leidenschaftlichen Fans erlebten den größten Moment in der langen Fußballgeschichte, als das Nationalteam die WM 1966 gewann.

Football Association: gegründet 1863
Spitzname: Three Lions (Drei Löwen)
Toptorjäger: Wayne Rooney 53 (2003–2016)
Meiste Einsätze: Peter Shilton 125 (1970–1990)
Erfolge: WM 1966

FRANKREICH

Mit seiner Vorliebe für Angriffsfußball sorgt Frankreich stets für Unterhaltung. Die Nationalmannschaft gewann erst 1984 zum ersten Mal eine internationale Trophäe.

Fédération Française de Football: gegründet 1919
Spitzname: Les Bleus (Die Blauen)
Toptorjäger: Thierry Henry 51 (1997–2010)
Meiste Einsätze: Lilian Thuram 142 (1994–2008)
Erfolge: WM 1998, 2018; EM 1984, 2000; Olympische Spiele 1984; Confederations Cup 2001, 2003

DEUTSCHLAND

Dank ihrem Teamgeist und Ballgeschick spielt die deutsche Nationalmannschaft konkurrenzlos konstant, erreichte bislang 14 wichtige Endspiele und gewann sieben Turniere.

Deutscher Fußball-Bund: gegründet 1900
Spitzname: Die Nationalelf
Toptorjäger: Miroslav Klose 71 (seit 2001)
Meiste Einsätze: Lothar Matthäus 150 (1980–2000)
Erfolge: WM 1954, 1974, 1990, 2014; EM 1972, 1980, 1996; Olympische Spiele 1976

ITALIEN

Die nach Brasilien zweiterfolgreichste Fußballnation der Welt ist bislang 4-maliger Weltmeister. Ein solides Abwehrspiel und schnelle Konter sind typisch für die Siege des Teams.

Federazione Italiana Giuoco Calcio: gegründet 1898
Spitznamen: Squadra Azzurra, Gli Azzurri (Die Azurblauen)
Toptorjäger: Luigi Riva 35 (1965–1974)
Meiste Einsätze: Gianluigi Buffon 176 (1997–2018)
Erfolge: WM 1934, 1938, 1982, 2006; EM 1968; Olympische Spiele 1936

ELFENBEINKÜSTE

Im internationalen Fußball eröffneten sich aufregende Aussichten, als die Elfenbeinküste 2006 erstmals an der WM teilnahm. Seither spielen viele ihrer heimischen Talente für europäische Klubs.

Fédération Ivoirienne de Football: gegründet 1960
Spitzname: Les Éléphants (Die Elefanten)
Toptorjäger: Didier Drogba 65 (2002–2014)
Meiste Einsätze: Didier Zokora 123 (2002–2014)
Erfolge: Afrikameisterschaft 1992, 2015

JAPAN

Fußball ist heute die zweitbeliebteste Sportart in Japan, nach dem 4-maligen Gewinn der Asienmeisterschaft und der erfolgreichen Ausrichtung der WM 2002 (mit Südkorea).

Japan Football Association: gegründet 1921
Spitznamen: Blaue Samurai
Toptorjäger: Kunishige Kamamoto 80 (1964–1977)
Meiste Einsätze: Yasuhito Endo 152 (2002–2015)
Erfolge: Asienmeisterschaft 1992, 2000, 2004, 2011

SÜDKOREA

Als Mitgastgeber der WM 2002 hat Südkorea hohe Erwartungen geweckt. Internationale Anerkennung erhielt das Nationalteam, als es Favoriten wie Italien und Spanien ausschaltete und das Halbfinale erreichte.

Korea Football Association: gegründet 1928
Spitzname: Taeguk Ho (Taeguk-Krieger)
Toptorjäger: Cha Bum-Kun 59 (1972–1986)
Meiste Einsätze: Hong Myung-Bo 136 (1990–2002)
Erfolge: Asienmeisterschaft 1956, 1960

MEXIKO

Mit lateinamerikanischer Brillanz am Ball hat Mexiko sich rasch in internationalen Wettbewerben als ernsthafter Konkurrent etabliert.

Federación Mexicana de Fútbal Asociación: gegründet 1927
Spitzname: El Tricolor (Die Trikolore)
Toptorjäger: Javier Hernandez 50 (seit 2009)
Meiste Einsätze: Claudio Suárez 177 (1992–2006)
Erfolge: CONCACAF-Meisterschaft und Gold Cup 1965, 1971, 1977, 1977, 1993, 1996, 1998, 2003, 2009, 2011, 2015; Confederations Cup 1999; Olympische Spiele 2012

NIEDERLANDE

Beim „Totalen Fußball" der Niederländer in den 1970er-Jahren spielte jeder Spieler auf jeder Position. Diese flexible Formation, besetzt mit legendären Spielern, führte zwar zu eindrucksvollen Spielen, doch überraschenderweise nur zu einem Titel.

Koninklijke Nederlandse Voetbal Bond: gegründet 1889
Spitzname: Oranje (Die Orangenen)
Toptorjäger: Robin van Persie 50 (seit 2005)
Meiste Einsätze: Wesley Sneijder 133 (seit 2003)
Erfolge: EM 1988

PORTUGAL

Bei allem Talent galt Portugal im Weltfußball lange Zeit als leistungsschwach, bis ihm der Durchbruch auf internationaler Ebene gelang und es 2016 Europameister wurde.

Federação Portuguesa de Futebol: gegründet 1914
Spitzname: Selecção (Die Auswahl)
Toptorjäger: Christiano Ronaldo 85 (seit 2003)
Meiste Einsätze: Christiano Ronaldo 154 (seit 2003)
Erfolge: EM 2016

RUSSLAND

Russland hat zwar seit über 50 Jahren keinen wichtigen Titel gewonnen, doch aufregende neue Talente und eine effektive Teamarbeit bilden eine starke Basis für künftige internationale Erfolge.

Rossijski Futbolny Sojus: gegründet 1912
Spitzname: Sbornaja (Auswahl)
Toptorjäger: Alexander Kerschakow 30 (2002–2015)
Meiste Einsätze: Sergei Ignaschewitsch 127 (seit 2002)
Erfolge: EM 1960 (als UdSSR)

SÜDAFRIKA

Nachdem es lange wegen seiner Apartheidspolitik von der FIFA ausgeschlossen worden war, ist Südafrika fußballerisch wiedererstarkt. 2010 war Südafrika erster afrikanischer WM-Gastgeber.

South African Football Association: gegründet 1882
Spitzname: Bafana Bafana (Die Jungs)
Toptorjäger: Benni McCarthy 31 (1997–2012)
Meiste Einsätze: Aaron Mokoena 107 (1999–2010)
Erfolge: Afrikameisterschaft 1996

SPANIEN

Trotz vieler berühmter Spieler hat das leidenschaftliche spanische Team lange unter Wert gespielt. Doch seit dem Gewinn der EM 2008 und 2012 realisiert es sein Potenzial – eine weitere Bestätigung war der Gewinn der WM 2010.

Real Federación Española de Fútbol: gegründet 1913
Spitznamen: La Furia Roja (Die rote Furie), La Selección (Die Auswahl)
Toptorjäger: David Villa 59 (2005–2014)
Meiste Einsätze: Iker Casillas 167 (seit 2000)
Erfolge: WM 2010; EM 1964, 2008, 2012; Olympische Spiele 1992

URUGUAY

Uruguay wurde 1930 erster Fußballweltmeister und wiederholte diesen Erfolg 20 Jahre später. Diesen frühen Leistungen folgten Triumphe bei der Copa América.

Asociación Uruguaya de Fútbol: gegründet 1900
Spitzname: La Celeste (Die Himmelblaue)
Toptorjäger: Luis Suárez 53 (seit 2007)
Meiste Einsätze: Maxi Pareira 125 (seit 2005)
Erfolge: WM 1930, 1950
Copa América 1916, 1917, 1920, 1923, 1924, 1926, 1935, 1942, 1956, 1959, 1967 (Jeder-gegen-jeden-Turnier), 1983, 1987, 1995, 2011; Olympische Spiele 1924, 1928

USA

Seit die USA 1994 WM-Gastgeber waren, ist ihr Ansehen als Fußballnation erheblich gestiegen.

United States Soccer Federation: gegründet 1913
Spitznamen: The Stars and Stripes, The Red, White and Blue
Toptorjäger: Landon Donovan 57 (seit 2004)
Meiste Einsätze: Cobi Jones 164 (1992–2004)
Erfolge: CONCACAF Gold Cup 1991, 2002, 2005, 2007, 2013

Neugierig geworden?

Es gibt viele Möglichkeiten, sich in der Welt des Fußballs zu engagieren. Man kann sich einen Klub aussuchen, den man unterstützen möchte, und seine Spielergebnisse verfolgen. Wenn man selbst gut spielt, kann man einem Verein auf lokaler Ebene beitreten. In Fußballmuseen erfährt man viel über Klubs, Trainer und Scouts ebenso wie über Spieler. Je mehr man weiß, desto mehr wird man dem Fußballfieber verfallen.

↑Souvenir
Spielprogramme bieten viele Informationen und sind Erinnerungen an tolle Spiele.

Bob Bishop entdeckte als Scout von Manchester United George Best, Sammy McIlroy und viele andere Spieler in den 1960er- und 1970er-Jahren.

↑Talentscouts
Alle großen Klubs haben Scouts, die nach neuen Talenten Ausschau halten. Herausragende Nachwuchsspieler werden zu einem Test eingeladen und in die Fußballakademie des Klubs aufgenommen. Hier bekommen sie neben dem normalen Unterricht auch ein intensives Fußballtraining.

Internetadressen

- DFB-Maskottchen Paule erzählt dir alles über den Fußball.
  http://paule.dfb.de
- Hier findest du u. a. ein Fußball-Quiz, kurze Trainingsvideos und Fußball-Spiele für die nächste Geburtstagsfeier.
  https://www.kindernetz.de/infonetz/sport/fussball/-/id=24294/1ht2avx/index.html
- Auf der offiziellen Website der Deutschen Fußball Liga findest du aktuelle Infos zu Spielern, Klubs und Ergebnissen der 1. und 2. Bundesliga.
  https://www.bundesliga.com/de/bundesliga/
- Die besten Fußballersprüche kannst du hier nachlesen.
  http://www.wdr.de/tv/wissenmachtah/bibliothek/toooah.php5

Die Fangemeinde↓
Wenn man Anhänger eines Vereins werden möchte, besucht man dessen Spiele. Schon bald kennt man seine Spieler und Trainer. Man erfährt viel über Fußballregeln und entwickelt eigene Ideen über Taktiken und wie der Klub geführt werden sollte. Bei einem Länderspiel lernt man Fußballfans aus anderen Teilen des Landes kennen.

Italienische Fans feuern ihr Team an.

↑In einer Mannschaft mitspielen

Wenn man gut spielen kann, tritt man einer Schul- oder Vereinsmannschaft bei. Rasch findet man heraus, ob man lieber in der Abwehr, im Mittelfeld oder im Angriff spielt oder im Tor steht. Von Vereinstrainern lernt man das Beherrschen vieler Techniken wie Decken, Tackling, Dribbeln und Passen. Durch regelmäßiges Training wird man fit genug, ein ganzes Spiel durchzuhalten.

Wichtig ist eine gute Ballkontrolle, für einen Stürmer ebenso wie für einen Verteidiger.

↑Die Weltmeisterschaft 2014

Im Sommer 2014 fand die Weltmeisterschaft in Brasilien statt. Es war die 20. WM und die siebte in einem lateinamerikanischen Land. Als Gastgeberland war Brasilien automatisch qualifiziert, dazu kamen 31 Teams aus der ganzen Welt, die erfolgreich aus verschiedenen regionalen Turnieren hervorgegangen waren. Im Semifinale wurde Brasilien von Deutschland geschlagen, das im Finale Argentinien besiegte.

Besuche doch mal …

FIFA WORLD FOOTBALL MUSEUM (ZÜRICH)
Historische Dokumente, Bücher, Videos und Bilder veranschaulichen, wie Fußball zur beliebtesten Sportart der Welt wurde.

DEUTSCHES FUSSBALLMUSEUM (DORTMUND)
2015 wurde in Dortmund das offizielle Fußballmuseum des Deutschen Fußballbunds eröffnet. Es veranschaulicht die vielfältigen sportlichen, politischen, kulturellen, sozialen und ökonomischen Aspekte des Fußballs.

FUSSBALLMUSEUM SPRINGE
Das Museum ist dem Thema „Fankultur pur" gewidmet und stellt zahlreiche Fanartikel aus. Außerdem hat es einen extra Themenbereich zum Frauenfußball.

NATIONAL FOOTBALL MUSEUM
Das National Football Museum im englischen Manchester ist das größte Fußballmuseum der Welt. Es informiert anhand von über 25 000 Exponaten ausführlich über den englischen Fußball, seine Geschichte und den Weltfußball.

HSV-MUSEUM (HAMBURG)
Das 2004 eröffnete Museum, das die Geschichte des Hamburger Sportvereins, seiner Stars und Legenden präsentiert, ist mit einer Ausstellungsfläche von rund 700 m^2 das größte Fußballmuseum Deutschlands.

Noch heute geben sich vor dem Spiel die Kapitäne beider Mannschaften die Hand – eine gute sportliche Geste.

Der Engländer Billy Wright (rechts) und der Franzose Jean Baratte vor einem Spiel 1951

Glossar

Schiedsrichterdress

Aberglaube Viele Spieler sind sehr abergläubisch. So wollen sie z. B. immer dieselbe Trikotnummer während ihrer Karriere tragen. Der Engländer Paul Ince zog vor einem Spiel sein Trikot immer erst am Ausgang des Tunnels an.

Abseits Ein Spieler ist im Abseits, wenn er im Moment der Ballabgabe in der gegnerischen Hälfte der gegnerischen Torlinie näher als der Ball und näher als der vorletzte Gegenspieler ist und aktiv ins Spiel eingreift.

Abstoß Hat das angreifende Team den Ball zuletzt berührt, wenn er über die Torlinie ins Aus geht, gibt es einen Abstoß.

Afrikameisterschaft Afrikanische Nationalmannschaften kämpfen alle zwei Jahre um die 1957 eingeführte Meisterschaft.

Agent Eine Person, die für einen Fußballer einen neuen Vertrag oder Transfer aushandelt.

Anstoß Das Spielen des Balls vom Spielfeldmittelpunkt aus, um das Spiel zu Beginn oder nach einem Tor zu eröffnen.

Aufstellung Die Anordnung der Spieler auf dem Spielfeld. Der Trainer oder Manager legt die Aufstellung fest und kann während eines Spiels Spieler auswechseln.

Copa América Der seit 1916 ausgerichtete Wettbewerb für südamerikanische Mannschaften wird seit 1993 alle 2 Jahre auch mit nord- und mittelamerikanischen Teams ausgetragen.

Ballannahme mit der Brust

Co-Trainer Unterstützt den Trainer bei der Vorbereitung des Teams.

Decken Nahe bei einem Gegner bleiben, um ihn am Passen, Schießen oder Annehmen des Balls zu hindern.

Derby Ein Spiel zwischen zwei Lokalrivalen.

DFB (Deutscher Fußball-Bund) Der 1900 gegründete Verband aller deutschen Fußballvereine. Er hat seinen Sitz in Frankfurt am Main.

Direkter Freistoß Wird verhängt, wenn ein Spieler einen Gegner tritt, zu Fall bringt, schubst oder festhält. Der Spieler, der den Freistoß ausführt, darf direkt auf das Tor schießen.

Doppelpass Ein angreifender Spieler passt den Ball zu einem Mannschaftskameraden, läuft sich frei und bekommt den Ball zurück, sodass der Verteidiger überspielt wird.

Dress Das Trikot, die Hose und die Socken, die ein Team trägt. Die meisten Klubs haben einen Heim- und einen Auswärtsdress, der auch getragen wird, wenn die Spielkleidung nicht gut unterscheidbar ist.

Dribbeln Laufen und dabei kontrolliert den Ball führen.

Eckstoß Spielt das verteidigende Team den Ball über die Torauslinie, wird ein Eckstoß für die Angreifer gegeben.

Effet Drall eines Balls, der entsteht, wenn ein Ball sich um die eigene Achse dreht während er sich vorwärts bewegt.

Einwurf Wird der Ball über die Seitenlinie gespielt, muss er von der gegnerischen Mannschaft durch einen Wurf mit beiden Händen über den Kopf hinweg wieder ins Spiel gebracht werden.

Elfmeterpunkt Der 11 m von der Tormitte entfernte Punkt, von dem aus ein Strafstoß erfolgt.

Europapokal der Landesmeister Wurde zuerst 1956 ausgetragen und heißt heute Champions League. Jedes Jahr spielen die Spitzenklubs der europäischen Länder um die Trophäe.

FA (Football Association) Cup Erstmals 1872 ausgetragene englische Meisterschaft.

Favoritenschreck Eine Mannschaft, die eine andere Mannschaft aus einer höheren Liga schlägt, die als viel besser gilt.

FIFA (Fédération Internationale de Football Association) Der 1904 gegründete Fußball-Weltverband legt internationale Regeln fest und veranstaltet die Weltmeisterschaft.

Flügelstürmer Ein Stürmer, der auf einer der Außenseiten des Spielfelds spielt.

Der weiße Ball wurde 1951 eingeführt.

Fußballregeln Die 17 offiziellen Spielregeln der FIFA.

Fußball-Weltmeisterschaft der Frauen Seit 1991 kämpfen Frauennationalmannschaften alle 4 Jahre um die Weltmeisterschaft.

Fußball-Weltmeisterschaft der Herren Seit 1930 kämpfen Nationalmannschaften der Herren alle 4 Jahre um die Weltmeisterschaft.

Gelbe Karte Der Schiedsrichter hält die gelbe Karte hoch, um einen Spieler bei Regelverstößen zu verwarnen.

Handschuhe Schützen die Hände des Torhüters und helfen ihm, den Ball festzuhalten.

Handspiel Es ist ein Foul, wenn der Ball im Spiel absichtlich mit den Händen oder Armen berührt wird.

Indirekter Freistoß Der Ball darf nicht direkt ins Tor geschossen werden. Wird bei Abseits, gefährlichem Spiel, Sperren, Behindern des Torwarts im Torraum oder einer „Schwalbe“ verhängt.

Karten Der Schiedsrichter zeigt Spielern eine gelbe oder rote Karte, wenn sie ein schweres Foul begangen haben. Ein Spieler wird vom Platz geschickt, wenn er in einem Spiel eine zweite gelbe Karte bekommt.

Köpfen Ein Abwehrspieler köpft den Ball vom Tor weg. Ein Angriffsspieler köpft den Ball hoffentlich in das Tor.

Maskottchen Menschen, Tiere oder Puppen, die als Glücksbringer für das Team gelten. Maskottchen gehören auch zur zunehmenden Kommerzialisierung des Fußballs.

Pfeife Wird vom Schiedsrichter am Beginn und am Ende des Spiels und bei Unterbrechungen benutzt.

Physiotherapeut Die Person, die Spielern hilft, sich von Verletzungen zu erholen, und ihre Fitness für ein Spiel überprüft.

Programm Enthält Informationen für die Fans über die Spieler des eigenen und des gegnerischen Teams sowie zum Verein und zum Spiel.

Querpass Ein Pass, der von einem Flügel zu einem Spieler in der Mitte des Felds geschossen wird.

Rote Karte Der Schiedsrichter zeigt einem Spieler die rote Karte, damit er das Spielfeld verlässt, wenn er ein besonders schweres Foul begangen oder die zweite gelbe Karte bekommen hat.

Schal Jede Mannschaft hat einen Schal in ihren Farben. Fans tragen oft solche Schals, wenn sie zu den Spielen ihres Teams gehen.

Schiedsrichter Die Person, die beim Spiel auf die Einhaltung der Fußballregeln achtet und sie durchsetzt.

Schiedsrichterassistenten Früher Linienrichter genannt. Sie überwachen jeweils eine Spielfeldseite und signalisieren Abseits, Einwürfe, Fouls und Auswechslungen.

Schienbeinschützer Werden in den Socken getragen, um die Unterschenkel zu schützen.

Fußballsammelkarte

Spielfeld In den Anfängen war das Spielfeld durch eine Reihe von Flaggen markiert. Die englische FA führte 1902 die heutige Feldmarkierungen ein.

Sportdirektor Ist für die Zusammenstellung des Kaders und die Erarbeitung von Terminplänen zuständig.

Standardsituation Eine Spielsituation, die sich nach einer Spielunterbrechung ergibt, wie z. B. ein Eckstoß.

Stehplätze Stufen, auf denen die Zuschauer stehen, um das Spiel zu verfolgen.

Stollen Profilzapfen an der Sohle eines Fußballschuhs. Der Schiedsrichter oder ein Assistent überprüft die Stollen, bevor das Spiel beginnt. Auf einem nassen, schweren Spielfeld werden längere Stollen verwendet.

Strafraum Ein durch Linien begrenzter, 16,50 x 40,32 m großer Raum um das Tor herum.

Strafstoß Ein Schuss aufs Tor vom Elfmeterpunkt aus. Wird bei einem Foul am Gegner im eigenen Strafraum verhängt.

Tackling Stoppen eines Gegners, der den Ball hat. Dabei darf nur der Ball getroffen werden.

Taktik Geplante Spielweise oder einzelne Spielzüge, um sich einen Vorteil gegenüber dem Gegner zu verschaffen.

Talentscout Eine Person, die für einen Klub begabte neue Spieler sucht.

Trainer Betreut die erste Mannschaft. Er leitet das Training, stellt das Team auf und legt die Spieltaktik fest.

WM-Medaille

Trainerstab Ist mit seinen Spezialisten für verschiedene Trainingsaspekte wie z. B. das Torwarttraining zuständig.

Tribüne Der Bereich, in dem die Zuschauer um das Spielfeld herum sitzen oder stehen.

UEFA Champions League Der wichtigste europäische Wettbewerb im Fußball. Wurde zuerst 1956 unter dem Namen Europapokal der Landesmeister ausgetragen. Jedes Jahr spielen die Spitzenklubs der europäischen Länder um die Trophäe.

UEFA Europa League Nach der Champions League der zweitwichtigste europäische Wettbewerb. Hieß seit 1971 UEFA-Pokal, davor (erstmals seit 1958) Messepokal. Die Umbenennung in Europa League erfolgte 2009. Teilnehmer sind Vereine, die sich in ihrer Liga unmittelbar hinter den für die Champions League qualifizierten Klubs platzieren.

Vereinsarzt Ist für die medizinische Betreuung der ersten Mannschaft zuständig.

Warm-up Routineübungen, die die Muskeln vor einem Spiel aufwärmen sollen.

Frauenfußballteam der USA (2011)

Register

Dank und Bildnachweis

Der DK Verlag dankt Hugh Hornby, Rob Pratten, Lynsey Jones und Mark Bushell vom National Football Museum für ihre Hilfe; David Ekholm-JAlbum, Sunita Gahir, David Goldblatt, Susan St. Louis, Lisa Stock und Bulent Yusuf für die Grafiken.

Der Verlag dankt folgenden Personen und Organisationen für die freundliche Genehmigung zum Abdruck von Fotos:

(Abkürzungen: o = oben, u = unten, m = Mitte, l = links, r = rechts, g = ganz, Hg = Hintergrund)

123RF.com: bagwold / adidas, das Drei-Streifen-Logo, BRAZUCA und das Brazuca Balldesign sind eingetragene Marken von adidas und benötigen eine Genehmigung. 2mlu. Action Images: 31mru; Toby Melville / Reuters 27mro; Bruno Domingos / Reuters 56r; Sporting Images 23m; Sporting Pictures 22m. Action Plus: Glyn Kirk 56m; Neil Tingle 10ugr, 60-61 (Hg), 68u. Alamy: Brent Clark 63mlo; wareham.nl 71u; Colorsport: 11gor, 21ur, 32mlu, 39gor, 44-45, 57gor, 68gol; Olympia 35mr, 35gor; Jerome Provost 39um. Corbis: Ben Queenborough / BPI 57um; Chen Shaojin / Xinhua Press 17ul; Christian Liewig / Liewig Media Sports 16mlu; Frans Lanting 65gom; Matthew Ashton / AMA / Corbis Sports 34gom, 60mu, 65mr; S Carmona 44mlu; Stephane Reix / Photo & Co. 34gol; Stephane Reix / Corbis Sports 66-67 (Hg); Tolga Bozoglu / Epa 62um; Acknowledgments Universal / TempSport 69ur; Visionhaus 27gor. Dorling Kindersley: Football Museum, Preston / 1974 FIFA TM 48r; Football Museum, Preston / Adidas 18ur; Football Museum, Preston / FIFA 46ugr (1998), 49fmr; Football Museum, Preston / Sondico 31gogr; Football Museum, Preston / Umbro 28ur; Football Museum, Preston 2mu, 2m, 2r, 2mlo (Gummischlauch), 2ml, 2ugl, 2mgl, 2gogl (Luftpumpe), 2gogr, 2gom, 2gol (Luftpumpe mit Druckanzeige), 3m, 4um, 4ul, 4ur (Hutnadel), 4mlo, 4mru, 4ugl, 4ugr (Ball), 4ugr (Schuh), 4gol, 4gor, 5ur, 5ugr, 5gogl, 5gogr (Brasilien), 5gogr (Italien), 5gol, 5gor (Holland), 5gor (Ungarn), 6u, 6m, 6mogr, 6gor, 7um, 7mu, 7mru, 7l, 7gor, 8m, 8mo, 8ugr, 8gogr, 8l, 8gor, 9ur, 9mr, 9mru, 9mugl, 9l, 9gor, 10clb, 10mugl, 10gol, 10-11, 12ur, 12mu (Pfeife), 12mugl, 12gol, 13ur, 13mr, 13gogr (Bangladesch), 13gogr (Kolumbien), 13gogr (Italien), 13gogr (Neuseeland), 13gogr (USA), 13gor (Australien), 13gor (Island), 13gor (Portugal), 13gor (UdSSR), 14ur, 14mo, 14gol, 15um, 15ml, 15mlu, 15glu (Seitenansicht), 15mr, 17ur, 18ul, 18mu, 18mr, 18gor, 19ul, 19gol, 20ul, 20gor, 21ul, 21mro, 21mru, 21gor, 22mlo, 22gol, 22gor, 22-23, 24um, 24ml, 24mru, 24gor, 25ul, 25mu, 25mru, 25gogl (Luftpumpe), 25gogl (Luftpumpe mit Druckanzeige), 25gogr, 25gol (Luftpumpe), 25gol (Gummischlauch), 25gor, 26ur, 26ml, 26mr, 26mgr, 26gor, 27um (Hammer), 27um (Stollen), 27ur (Nägel), 27ur (Stollen), 27m, 27mlo, 27ugr (Stollenschlüssel), 27ugr (Stollen), 27ugr (Stollenschlüssel), 27gol, 28ul, 28mru, 28gol, 29ul, 29mr, 29gol, 29gor, 30ur, 30m, 30ml, 30mru, 30gol, 30gor, 31um, 31ul, 31mlu, 31gom, 31gol, 31gor, 36um, 36m, 36mu, 36ml, 36mlu, 36mro, 36ugr, 36mgl, 36mugr, 36gogr, 36gor, 36gor (Löffel), 37ul, 37ur, 37m, 37mlu, 37mr, 37ugl, 37mugr, 37gor, 38ul, 38ur, 38gol, 38-39, 39mr, 39gol, 40u, 40mo, 40mu, 40ml, 40mru, 40gogl, 40gogr, 40gor, 41mo, 41ml, 41mlu, 41gor, 42mr, 42gol, 42gor, 43ur, 43mro, 43mgr, 43gogr, 43gor, 44gogr, 44gol, 44gor, 45ml, 45go, 46um (1986), 46ul (1978), 46ul (1982), 46ur (1990), 46ur (1994), 46m (1954), 46m (1958), 46ml (1938), 46ml (1950), 46mlu (1930), 46mlu (1934), 46mr (1962), 46mgr (1966), 46fmru (1970), 46mugr (1974), 46gol, 46gor, 47ur, 47gor, 48ul, 48gol, 49gogl, 49gol, 49gor, 50ml, 50gol, 50gor, 51gol, 52ur, 52m, 52ugl, 52mgl, 52-53, 53um, 53ul, 53mlo, 53mr, 56gor, 57mru, 61ur, 70gom, 71mlo; Mark Leech 43ul; The Science Museum, London 61gor. Dreamstime.com: Alexander Lebedev 12gor; Greg Da Silva 49ur; Kampee Patisena 20mru; Zedcreations 20mru (iPad). Getty Images: 62mr, 63gor; AFP Photo / Pierre-Philippe Marcou 58gol; AFP Photo / Roberto Schmidt 50m; AFP Photo DDP / Thomas Lohnes 58u; Allsport 34-35; Allsport / Hulton Archive 34ul; Allsport / Vincent Laforet 50ur; Lars Baron / Bongarts 16ul; Shaun Botterill 62-63 (Hg); Shaun Botterill / Getty Images Sport 64-65; Clive Brunskill 14ul; David Cannon / Allsport 33m, 51r; David Cannon / Getty Images Sport 23gol, 64ml; Central Press / Hulton Archive 32mlo, 33mr; Mark Cosgrove 10mru; Jean Catuffe 57gol; Tom Dulat 15go; Tony Duffy / Allsport 32ur; Mike Hewitt / FIFA 2r; Stuart Franklin / Bongarts 59um; Gallo Images / Getty Images Sport 51ml; Markus Gilliar - Pool / Bongarts 58-59; Scott Heavey 61gol; Patrick Hertzog / AFP 65ur; Mike Hewitt 42ur; Mike Hewitt / Getty Images Sport 19c; Jasper Juinen / Getty Images Sport 16r; Jeff Vinnick 43tl; Keystone / Hulton Archive 33bl, 33gol; Ross Kinnaird 58m; David Leah 51m; John Macdougall / AFP / 2005 FIFA TM 69mlu; Josep Lago / AFP 56ul; Clive Mason 17gol; Damien Meyer / AFP 13l; Paolo Nucci / WireImage 49ul; NurPhoto 2m; Doug Pensinger / Getty Images Sport 17m; Popperfoto.com 68ml; Power Sport Images 34mro; Gary M. Prior 62gor; Michael Urban / AFP 36ul; VI-Images 38ml; Dave Winter 21m. Bryan Horsnell: 42m, 42ml, 42mgl. Press Association Images: AP Photo / Lewis Whyld 44mlo; Matthew Ashton / Empics Ltd 68-69 (Hg); Matthew Ashton / Empics Sport 16gor; Jon Buckle / Empics Ltd 70-71 (Hg); Adam Davy / Empics Sport 62m; Empics Ltd 32gor; Alastair Grant / Associated Press 71gor; Laurence Griffiths / Empics Ltd 69mo, 69gol; Tony Marshall / Empics Sport 28gor; PA Archive 34um; Peter Robinson 63ul; Peter Robinson / Empics 47l; Peter Robinson / Empics Sport 57fmru; Michael Steele / Empics Sport 41ur, 41fmlu; Topham Picturepoint 35tl; Witters 32gogr. Rex Shutterstock: Colorsport 63mro Wallchart: Colorsport: mlo, ml (Arthur Rowe). Corbis: Franck Seguin mu. Dorling Kindersley: Football Museum, Preston gol (Chinese characters), gogl (Lord Kinnaird), mro, mru, ur. Dreamstime.com: Pumba1 ul; Getty Images: © 1974 FIFA™ / David Leah / Mexsport mru, Time & Life Pictures mo (Pele). iStockphoto. com: sdominick clb. Nike: mlu/ (Stiefel).

Poster: Vorn (Toni Kroos): Getty Images: Alexander Hassenstein / Bongarts. Hinten (Fußbälle): 123RF.com: Olexandr Moroz / alexandrmoroz (Telstar); Bulls Press / SWNS ul.

Cover: Vorn: Getty Images: Alexander Hassenstein / Bongarts.

Weitere Informationen unter www.dkimages.com

DFB
Mit Lexi
memo
Wissen entdecken

Teste dein Wissen mit memo Quiz

978-3-8310-2495-7

978-3-8310-3334-8

978-3-8310-3195-5

978-3-8310-3456-7

978-3-8310-3455-0

978-3-8310-2493-3

978-3-8310-2629-6

978-3-8310-2725-5

978-3-8310-3530-4

978-3-8310-3198-6

978-3-8310-3335-5

978-3-8310-2726-2

978-3-8310-2375-2

978-3-8310-3197-9

978-3-8310-2913-6

978-3-8310-3196-2

Jeweils 100 Seiten • Spiralblock mit Gummiband • Ab 8 Jahren • € 6,95 [D] / € 7,20 [A]